A SUPREMA CORTE NORTE-AMERICANA E O ESTADO ADMINISTRATIVO: PRECEDENTES SELECIONADOS

ORGANIZADORES
Antonio Guimarães Sepulveda
Carlos Alberto Pereira das Neves Bolonha
Igor De Lazari Barbosa Carneiro

A SUPREMA CORTE NORTE-AMERICANA E O ESTADO ADMINISTRATIVO: PRECEDENTES SELECIONADOS

COORDENADORES CIENTÍFICOS
Roberto Carlos Rocha Kayat • Sérgio Bocayuva Tavares de Oliveira Dias

COORDENADORA EXECUTIVA
Luciana Silveira Ardente

COLABORADORES
Antonio Guimarães Sepulveda • Carlos Alberto Pereira das Neves Bolonha • Carolina Almeida Barbosa • Cass R. Sunstein • Christopher J. Walker • Daniel Mitidieri Fernandes de Oliveira • Diogo Alves Brasil Castilho de Sousa • Eurico Moreira da Silva Junior • Gianne Glória Lima Ferreira • Gustavo Salles da Costa • Igor De Lazari Barbosa Carneiro Luciana Silveira Ardente • Maíra Villela Almeida • Marcelo da Silva dos Santos • Roberto Carlos Rocha Kayat • Sérgio Bocayuva Tavares de Oliveira Dias • Thayane Ataide Ferraz Sarges • Vinicius dos Santos Silva Wanny Cristina Ferreira Fernandes

1ª edição – 2019 (revisada)

© Copyright
Antonio Guimarães Sepulveda • Carlos Alberto Pereira das Neves Bolonha • Igor De Lazari Barbosa Carneiro

Coordenadores Científicos
Roberto Carlos Rocha Kayat • Sérgio Bocayuva Tavares de Oliveira Dias

Coordenadora Executiva
Luciana Silveira Ardente

Colaboradores
Antonio Guimarães Sepulveda • Carlos Alberto Pereira das Neves Bolonha • Carolina Almeida Barbosa • Cass R. Sunstein • Christopher J. Walker • Daniel Mitidieri Fernandes de Oliveira • Diogo Alves Brasil Castilho de Sousa • Eurico Moreira da Silva Junior • Gianne Glória Lima Ferreira • Gustavo Salles da Costa • Igor De Lazari Barbosa Carneiro • Luciana Silveira Ardente • Maíra Villela Almeida • Marcelo da Silva dos Santos • Roberto Carlos Rocha Kayat • Sérgio Bocayuva Tavares de Oliveira Dias • Thayane Ataide Ferraz Sarges • Vinicius dos Santos Silva • Wanny Cristina Ferreira Fernandes

Capa
Wanny Cristina Ferreira Fernandes

Diagramação
Olga Martins

Impressão e acabamento: Editora Kindle Direct Publishing
Formato: 16x23 126pp

O titular cuja obra seja fraudulentamente reproduzida, divulgada ou de qualquer forma utilizada, poderá requerer a apreensão dos exemplares reproduzidos ou a suspensão da divulgação, sem prejuízo da indenização cabível (art. 102 da Lei nº 9.610, de 19.02.1998).

Quem vender, expuser à venda, ocultar, adquirir, distribuir, tiver em depósito ou utilizar obra ou fonograma reproduzidos com fraude, com a finalidade de vender, obter ganho, vantagem, proveito, lucro direto ou indireto, para si ou para outrem, será solidariamente responsável com o contrafator, nos termos dos artigos precedentes, respondendo como contrafatores o importador e o distribuidor em caso de reprodução no exterior (art. 104 da Lei nº 9.610/98).

Reservados os direitos de propriedade desta edição pelos autores.
Impresso nos Estados Unidos
Printed in United States

AGRADECIMENTOS

Em primeiro lugar, os organizadores desta obra agradecem ao Conselho Nacional de Desenvolvimento Científico e Tecnológico (CNPq), à Fundação Carlos Chagas Filho de Amparo à Pesquisa do Estado do Rio de Janeiro (FAPERJ) e à Coordenadoria de Aperfeiçoamento de Pessoal de Nível Superior (CAPES), por todo apoio financeiro que vêm proporcionando às pesquisas concentradas na linha de teorias da decisão, democracia, instituições e desenhos institucionais, desenvolvidas no âmbito do Laboratório de Estudos Institucionais - LETACI, vinculado ao Programa de Pós-Graduação em Direito da Universidade Federal do Rio de Janeiro – PPGD/ UFRJ.

Em seguida, toda gratidão à colaboração eminente dos professores Christopher Walker e Cass Sunstein, que aceitaram prefaciar e apresentar, respectivamente, um livro que pretende debater no Brasil precedentes relevantes da Suprema Corte Norte-Americana em matéria de Administração Pública, desenvolvimento econômico e regulação estatal. O diálogo entre instituições, docentes e sistemas jurídicos é fundamental para a realização de pesquisa acadêmica de alto rendimento. A participação dos referidos professores é sinal não só de credibilidade do trabalho aqui levado a efeito, mas também de abertura e respeito mútuo entre pesquisadores brasileiros e norte-americanos.

Somos igualmente gratos aos pesquisadores que tornaram este livro possível, por terem se debruçado sobre a experiência jurisprudencial dos EUA do século XX, a fim de proporcionar ao nosso país novas formas de reflexão em direito público, máxime em matéria de regulação de atividades econômicas relevantes.

Agradecemos às professoras e aos professores da Faculdade Nacional de Direito, pelo compromisso de sempre buscar expandir os espaços de discussão acadêmica, promovendo incentivos à pesquisa livre em nosso ambiente universitário, contra toda forma de sectarismo ou preconceito de opinião.

Por fim, somos gratos às pesquisadoras e aos pesquisadores apaixonados que compõem o LETACI, sem os quais nada disso seria possível.

A todas e todos, muito obrigado!

PREFÁCIO*

Vivemos em mundo moderno regulatório nos Estados Unidos, completamente diferente daquele que os Pais Fundadores da Constituição poderiam imaginar. O foco e a função legislativos migraram do *common law* dos juízes para leis editadas pelo Poder Legislativo, e, agora, para as regulações aprovadas por agências.

Por exemplo, ao final do ano de 2016, o Código de Regulações Federais (*U. S. Code of Federal Regulations*) ultrapassava 175.000 páginas e incluía dezenas de milhares de regras. Isso significa mais de 100 milhões de palavras e 1 milhão de normas federais. Levaria mais de 3 anos até que um empregado aplicado pudesse ler todo o Código. Em 2016, agências federais alcançaram um novo recorde regulatório ao ocuparem mais de 95.000 páginas do Registro Federal (*Federal Register*) com regras, propostas de regras e avisos – aproximadamente 20% a mais do que as 80.000 páginas publicadas em 2015. Praticamente 2/5 dessas páginas, em 2016, foram dedicadas a 3.853 regras, um aumento em relação às 3.410 regras de agências federais promulgadas em 2015. Em contrapartida, o 114º Congresso, no mesmo período bianual, promulgou apenas 329 leis num total de 3.036 páginas dos anais do Congresso (*Statutes at Large*).

O Direito Administrativo, que regula a atuação da agência federal e a revisão judicial (*judicial review*) dessa atuação, tem atualmente um papel fundamental na limitação da regulação e da *quasi-constituição* do moderno Estado Administrativo – o *Administrative Procedure Act* (APA), de 1946 – lei congressual promulgada como um *intenso compromisso* há sete décadas. O APA estabelece detalhados processos para a atuação da agência, reunidos praticamente em duas categorias: regulação

---

* Traduzido para o português, com a autorização do autor, por Antonio Guimarães Sepulveda e Igor De Lazari.

(*rule- making*) e julgamento (*adjudication*). O APA também estipula padrões de revisão judicial que se aplicam, em geral, sempre que o Congresso tenha considerado uma determinada atuação da agência *revisável por lei* e que a atuação seja *uma atuação final da agência que não tenha outro remédio judicial adequado*. A lei que autoriza a atuação da agência, que é comumente referida por *lei orgânica da agência* ou *lei governante*, pode modificar os padrões predefinidos (*default*) do APA ou mesmo proibir completamente a revisão judicial.

Apesar da proeminência do APA no Direito Administrativo norte-americano, Westlaw denuncia que o Congresso somente emendou a lei dezesseis vezes desde sua promulgação em 1946. Mesmo esse número pode ser enganoso. Há somente quatro – ou talvez cinco – significantes alterações legais: *the Freedom of Information Act* (FOIA), de 1966; *the Privacy Act,* de 1974; *the Government in the Sunshine Act,* de 1976, a renúncia da imunidade soberana (*sovereign immunity*), de 1976, e, em menor extensão, a renomeação de julgadores administrativos, de 1978.

Além de modernizar o FOIA, em 1996 (e novamente em 2016), o Congresso não realizou nenhuma alteração substancial no APA em quase quarenta anos (desde 1978).

A falta de significativa ação legislativa não significa que o APA tenha remanescido constante. A Suprema Corte dos Estados Unidos (SCOTUS) e as cortes federais desenvolveram uma ampla variedade de doutrinas do *common law administrativo* que promoveram alterações sobre o APA. Como Kenneth Culp Davis pontuou, em 1980, *a maior parte do Direito Administrativo é construção judicial (judge-made law), e a maior parte da construção judicial do direito administrativo é direito consuetudinário administrativo*. O mesmo permanece verdadeiro atualmente.

Esta obra sobre o Direito Administrativo norte-americano aborda as principais decisões da SCOTUS que modificaram o APA e que aperfeiçoaram as regras do jogo referentes à normatização regulatória nos Estados Unidos.

Todas essas decisões tratam, em alguma extensão, da revisão judicial da atuação de agências federais e podem grosseiramente ser divididas em três principais categorias.

Primeiro, a Seção 706 do APA ordena que *a corte revisora deve decidir todas as questões relevantes de direito, interpretar os preceitos constitucionais e legais, e decidir sobre o significado ou a aplicabilidade dos parâmetros de atuação da agência*. A Suprema Corte tem associado a esse padrão revisional uma série de doutrinas deferentes à da interpretação legal das agências. Notadamente, *Chevron v. NRDC*, 467 U.S. 837, 843 (1984), sustentou que a revisão judicial deve ser deferente à interpretação razoável de enunciados legais ambíguos sujeitos à aplicação das agências federais. No contexto correlato de revisão judicial da interpretação da agência de suas próprias normas, a SCOTUS sustentou que a interpretação é *vinculante a menos que 'claramente errada ou inconsistente com a regulação'* *Auer v. Robbins*, 519 U.S. 452, 461 (1997) (citando, *inter alia*, *Bowles v. Seminole Rock & Sand Co.*, 325 U.S. 410, 414 (1945)).

Ambas as deferências *Chevron* e *Auer* têm sofrido críticas recentemente, havendo alguns Ministros (*Justices*) da SCOTUS e juízes federais de apelação (*federal appellate judges*) expressado ceticismo. Mais recentemente, o Presidente Trump indicou e o Senado confirmou um novo *Justice* para a SCOTUS – Neil Gorsuch – que expressou, como juiz de apelação, sérias preocupações constitucionais a respeito da deferência *Chevron*.

Algumas decisões da SCOTUS têm limitado o alcance da deferência *Chevron*. Por exemplo, o precedente *United States v. Mead Corp.*, 533 U.S. 218, 221 (2001), forneceu orientações adicionais sobre quando a deferência *Chevron* deve ser aplicada, em oposição à forma limitada de deferência inicialmente articulada em *Skidmore v. Swift & Co.*, 323 U.S. 134, 139-40 (1944). A Corte tem estreitado ainda mais o âmbito de aplicação da deferência *Chevron* quando aprecia ambiguidades legais que implicam questões de maior significância política ou econômica. Por exemplo, a Corte deixou de aplicar a deferência *Chevron* à argumentação da *Food and Drug Administration* de que possuía autoridade para normatizar temas afetos ao tabaco, porque o *Congresso não poderia ter pretendido delegar a decisão de tal significância econômica e política a uma agência de modo tão enigmático.* FDA v. Brown & Williamson Tobacco Corp., 529 U.S. 120, 160 (2000).

Recentemente, em *King v. Burwell*, 135 S. Ct. 2480, 2489 (2015), a Corte se recusou a aplicar o padrão de deferência *Chevron* à interpretação da Receita Federal norte-americana (*Internal Revenue Service - IRS*) sobre o *Affordable Care Act* porque a ambiguidade legal envolvia *uma questão de profunda 'significância econômica e política' que é central no esquema normativo.* A Corte acresceu que o *IRS não possui expertise na elaboração de políticas de seguro saúde dessa natureza.* A *Doutrina das Grandes Questões* (*Major Questions Doctrine*) remanesce uma doutrina em desenvolvimento e muito contestada que continuará a moldar como as cortes federais revisarão as interpretações das agências sobre leis.

Segundo, a Seção 706 do APA determina que a corte revisora deve *reconhecer ilegal e rejeitar a ação da agência* que seja *arbitrária, caprichosa, um abuso de discricionariedade ou, de outro modo, desarmoniosa à lei.* Em *Motor Vehicle Manufacturers Ass'n v. State Farm Mutual Automobile Insurance Co.*, 463 U.S. 29, 43 (1983), a SCOTUS esclareceu que o padrão arbitrário-e-caprichoso do APA avalia se a agência federal realizou um processo decisório fundamentado. Em *State Farm*, a Corte decidiu que *uma regra da agência seria arbitrária e caprichosa se a agência se apoiasse sobre fatores que o Congresso não pretendesse considerar, se falhasse totalmente ao considerar um importante aspecto do problema, se oferecesse uma explicação para sua decisão que contrariasse as evidências apresentadas, ou se, de tão implausível, não pudesse ser atribuída ao produto da expertise da agência.* A abordagem *State Farm* à revisão arbitrária-e-caprichosa do APA é conhecida por revisão *hard look*.

Em relação ao escopo da argumentação da agência, considerando-a sob a revisão arbitrária-e-caprichosa do APA, a SCOTUS tem aclarado que a revisão é confinada aos registros administrativos[NT]. Como a Corte famosamente sustentou em *SEC v. Chenery Corp.*, 332 U.S. 194, 196 (1947), *se esses fundamentos [nos registros da agência] são inadequados ou impróprios, a Corte não pode validar a ação administrativa por meio da substituição por aquilo que considera ser o fundamento mais adequada e próprio. Fazer isso,* a Corte Chenery explicou, *impulsionaria a Corte ao domínio que o Congresso tem reservado exclusivamente à agência administrativa.* A Suprema Corte mais tarde explicou, em *Citizens to Preserve Overton Park, Inc. v. Volpe*, 401 U.S. 402, 419 (1971), que a revisão do APA deve ser baseada no registro administrativo, não sobre avançadas racionalizações, realizadas *a posteriori,* pela agência litigante. Quando o registro administrativo é inadequado para apoiar a ação da agência, o curso ordinário é devolver a matéria para a agência tecer considerações adicionais.

Terceiro, apesar dessas várias doutrinas administrativas da *common law* que interpretam e modificam o texto do APA, a SCOTUS tem também advertido às cortes federais a não exigir das agências procedimentos adicionais que excedam os requisitos estabelecidos pelo Congresso no APA e noutras relevantes leis. Notoriamente, em *Vermont Yankee Nuclear Power Corp. v. NRDC*, 435 U.S. 519, 541–43 (1978), a SCOTUS rejeitou a tentativa de uma corte inferior de requerer que as agências se engajassem em certos procedimentos que não eram exigidos pelo APA, quando estivessem regulando. A corte de *Vermont Yankee* explicou que, *ausentes restrições*

[NT] Esses registros podem ser definidos como *the set of non-deliberative documents that the decision-maker considered, directly or indirectly (e.g., through staff), in making the final decision. The record should include all the factual, technical, and scientific material or data considered in making the decision, whether or not those materials or data support the decision.*

constitucionais ou circunstâncias extremamente prementes, as 'agências administrativas' devem estar livres para modelar suas próprias regras procedimentais e para perseguir métodos de investigação capazes de permiti-las desempenhar seus múltiplos deveres'.

Vermont Yankee destaca atualmente uma fundamental tensão no direito administrativo federal. O APA é a quase-constituição do moderno Estado Administrativo, como a corte de *Vermont Yankee* ressaltou ao declarar que cortes federais não podem alterar os requisitos do APA. Entretanto, um advogado administrativista, nos Estados Unidos, cometeria um grave erro se apenas se guiasse pelo texto legal quando avaliasse a licitude da atuação de uma agência federal. Em parte porque a SCOTUS, por razão de o Congresso não ter adequadamente atualizado o APA desde sua publicação em 1946, interferiu para modificar e atualizar o APA para a contemporânea realidade do Estado Regulatório Federal.

Esta obra explora essas decisões-chave da SCOTUS que estabelecem o *common law* administrativo que governa a atuação das agências federais e a revisão judicial dessas ações. Esses precedentes judiciais assumiram uma importância ainda maior, à medida que a atividade legiferante à medida que a atividade legiferante [na esfera] federa se transferiu drasticamente da legislação congressual para a regulação das agências.

Christopher J. Walker[*]

---

[*]Professor de Direito Associado, Michael E. Moritz College of Law, *The Ohio State University*. Esta Introdução foi elaborada substancialmente a partir dos seguintes trabalhos de Christopher J. Walker: Restoring Congress's Role in the Modern Administrative State, 116 Michigan Law Review 1101 (2018); Attacking Auer and Chevron Deference: A Literature Review, 16 Georgetown Journal of Law & Public Policy 103 (2018); *Modernizing the Administrative Procedure Act*, 69 Administrative Law Review 629 (2017) e *Inside Agency Statutory Interpretation*, 67 Stanford Law Review 999 (2015).

SUMÁRIO

AGRADECIMENTOS 5

PREFÁCIO 7

SUMÁRIO 13

SOBRE OS COLABORADORES DA OBRA 15

INTRODUÇÃO 19

CHENERY I E II: PROCEDIMENTOS NA EDIÇÃO DE NOVOS PADRÕES REGULATÓRIOS 23

SKIDMORE E A DEFERÊNCIA PRIMA FACIE À INTERPRETAÇÃO DAS AGÊNCIAS REGULADORAS 29

A DEFERÊNCIA DE SEMINOLE ROCK 35

CITIZENS TO PRESERVE OVERTON PARK v. VOLPE E HARD LOOK REVIEW 43

O CASO VERMONT YANKEE E A DISCRICIONARIEDADE NA DEFINIÇÃO DO DEVIDO PROCESSO ADMINISTRATIVO 53

AGÊNCIAS REGULADORAS E DECISÕES ARBITRÁRIAS – O CASO STATE FARM 61

DOUTRINA CHEVRON E UM NOVO EQUILÍBRIO INTERPODERES 73

MAJOR QUESTIONS DOCTRINE E A OPOSIÇÃO A CHEVRON 81

A DEFERÊNCIA AUER 93

UNITED STATES v. MEAD CORP.: A DEFERÊNCIA JUDICIAL AOS ATOS ADMINISTRATIVOS SEM FORÇA DE LEI 103

DOUTRINA SOUTHERN E UM NOVO PARÂMETRO PARA O JUDICIAL REVIEW 111

DISCRIMINAÇÃO RELIGIOSA PELO EMPREGADOR E A RESPONSABILIZAÇÃO PREVISTA NO ATO DE DIREITOS CIVIS DE 1964 117

QUADRO SINÓPTICO 125

SOBRE OS COLABORADORES DA OBRA

ANTONIO GUIMARÃES SEPULVEDA
Professor convidado dos cursos de pós-graduação da Universidade Federal Fluminense (UFF) e Fundação Getúlio Vargas (FGV-Rio). Tutor da Escola de Administração Fazendária (ESAF). Doutor em Direito pela Universidade Estadual do Rio de Janeiro (UERJ). Pesquisador do Laboratório de Estudos Institucionais - LETACI/PPGD/UFRJ. Auditor Fiscal da Secretaria Especial da Receita Federal do Brasil É colunista de sites jurídicos e articulista jornalístico.

CARLOS ALBERTO PEREIRA DAS NEVES BOLONHA
Professor da Faculdade Nacional de Direito e da Pós-Graduação em Direito da UFRJ. Diretor da Faculdade Nacional de Direito da UFRJ. Pesquisador Produtividade 2 do CNPq. Direciona a sua pesquisa para as áreas de Teoria Constitucional e de Teoria das Instituições. Coordenador do Laboratório de Estudos Institucionais - LETACI/PPGD/UFRJ, com o apoio do CNPq, da CAPES e da FAPERJ.

CAROLINA ALMEIDA BARBOSA
Doutoranda em Filosofia pelo Programa de Pós-Graduação Lógica e Metafísica da Universidade Federal do Rio de Janeiro. Mestre em Direito pelo Programa de Pós-Graduação em Direito da Universidade Federal do Rio de Janeiro. Bacharel em Direito da Faculdade Nacional de Direito da Universidade Federal do Rio de Janeiro. Pesquisadora do Laboratório de Estudos Institucionais - LETACI/PPGD/UFRJ.

DANIEL MITIDIERI FERNANDES DE OLIVEIRA
Mestre em Teoria do Direito pela Universidade Federal do Rio de Janeiro - UFRJ (2017), com ênfase em Desenhos Institucionais, Democracia e Estado Administrativo. Pesquisador do Laboratório de Estudos Institucionais - LETACI/PPGD/ UFRJ. Possui graduação em Ciências Jurídicas e Sociais (Direito) pela Universidade Federal do Rio de Janeiro

- UFRJ (2007) e especialização (pós-graduação lato sensu) em Direito Financeiro e Tributário pela Universidade Federal Fluminense - UFF (2010). Atualmente é procurador municipal, professor de direito e advogado no Rio de Janeiro.

DIOGO ALVES BRASIL CASTILHO DE SOUSA
Graduação em Direito pela Faculdade de Ciências Sociais Aplicadas do Instituto Brasileiro de Mercados e Capitais (IBMEC). Pesquisador do Laboratório de Estudos Institucionais - LETACI/PPGD/UFRJ. Tem experiência na área de Direito, com ênfase em Direito Público, principalmente nos seguintes temas: Direito Constitucional e Direito Internacional.

EURICO MOREIRA DA SILVA JUNIOR
Mestrando em Direito pelo Programa de Pós-Graduação em Direito da Universidade Federal do Rio de Janeiro. Bacharel em Direito da Faculdade Nacional de Direito da Universidade Federal do Rio de Janeiro. Pesquisador do Laboratório de Estudos Institucionais – LETACI/PPGD/UFRJ.

GIANNE GLÓRIA LIMA FERREIRA
Graduanda em Direito pela Universidade Federal do Rio de Janeiro. Pesquisadora do Laboratório de Estudos Teóricos e Analíticos sobre o Comportamento das Instituições - LETACI/PPGD/UFRJ.

GUSTAVO SALLES DA COSTA
Graduando em Direito na Faculdade Nacional de Direito da Universidade Federal do Rio de Janeiro (FND/UFRJ). Pesquisador do Laboratório de Estudos Institucionais – LETACI/PPGD/UFRJ.

IGOR DE LAZARI BARBOSA CARNEIRO
Mestre em Direito pelo Programa de Pós-Graduação em Direito da Universidade Federal do Rio de Janeiro. Bacharel em Direito da Faculdade Nacional de Direito da Universidade Federal do Rio de Janeiro (FND/ UFRJ). Pesquisador do Laboratório de Estudos Institucionais – LETACI/PPGD/UFRJ e

Técnico Judiciário da Justiça Federal da 2ª Região.

LUCIANA SILVEIRA ARDENTE
Mestranda em Teorias Jurídicas Contemporâneas pelo Programa de Pós-Graduação em Direito da Universidade Federal do Rio de Janeiro (PPGD/UFRJ). Bacharel em Direito pela Universidade Federal do Rio de Janeiro (FND/UFRJ). Pesquisadora do Laboratório de Estudos Institucionais - LETACI/PPGD/ UFRJ, com apoio da CAPES.

MAÍRA VILLELA ALMEIDA
Mestra (2013) e doutoranda em Teorias Jurídicas Contemporâneas do Programa de Pós-Graduação em Direito - Faculdade Nacional de Direito - UFRJ, com período sanduíche em Harvard Law School (2016-2017). Professora de Direito Público. Pesquisadora do Laboratório de Estudos Institucionais - LETACI/ PPGD/FND/UFRJ, com o apoio do CNPq.

MARCELO DA SILVA DOS SANTOS
Mestre em Direito pelo Programa de Pós-Graduação em Direito da Universidade Federal do Rio de Janeiro. Bacharel em Direito da Faculdade Nacional de Direito da Universidade Federal do Rio de Janeiro. Pesquisador do Laboratório de Estudos Institucionais - LETACI/PPGD/UFRJ.

ROBERTO CARLOS ROCHA KAYAT
Graduado em Direito pela Universidade Federal do Rio de Janeiro. Mestre em Direito também pela UFRJ (Programa de Pós-Graduação em Direito - Teorias Jurídicas Contemporâneas). Advogado da União e integrante da banca examinadora do concurso público para provimento do cargo de Advogado da União. Professor de Direito Constitucional na Universidade Cândido Mendes, unidade Centro, Rio de Janeiro/RJ. Professor da Pós-Graduação Estácio de Sá/CERS - Direito e Prática Previdenciária. Pesquisador do Laboratório de Estudos Institucionais – LETACI/PPGD/UFRJ.

SÉRGIO BOCAYUVA TAVARES DE OLIVEIRA DIAS
Mestre em Direito pelo Programa de Pós-Graduação em Direito da Universidade Federal do Rio de Janeiro. Bacharel em Direito pela Universidade Federal do Mato Grosso (UFMT). Pesquisador do Laboratório de Estudos Institucionais – LETACI/PPGD/UFRJ e Juiz Federal da 2ª Região.

THAYANE ATAIDE FERRAZ SARGES
Bacharel em Direito pela Faculdade de Ciências Sociais Aplicadas (IBMEC). Pesquisadora do Laboratório de Estudos Institucionais – LETACI/PPGD/UFRJ.

VINICIUS DOS SANTOS SILVA
Graduando em Direito pela Universidade do Estado do Rio de Janeiro (UERJ). Pesquisador do Laboratório de Estudos Institucionais - LETACI/PPGD/UFRJ.

WANNY CRISTINA FERREIRA FERNANDES
Mestranda em Teorias Jurídicas Contemporâneas pelo Programa de Pós-Graduação em Direito da Universidade Federal do Rio de Janeiro (PPGD/UFRJ). Bacharel em Direito pela Universidade Federal do Rio de Janeiro (FND/UFRJ). Pesquisadora do Laboratório de Estudos Institucionais - LETACI/PPGD/ UFRJ, com apoio da CAPES.

INTRODUÇÃO

ALÉM DE *MARBURY*: O PODER DO EXECUTIVO DE DIZER O QUE É O DIREITO[*]

Cass R. Sunstein[**]

Meu principal objetivo aqui é defender o poder interpretativo do Poder Executivo. Este poder, sugiro, é indispensável para a administração pública moderna. É, afinal, o poder do Executivo de interpretar leis uma decorrência natural e apropriada do desenvolvimento institucional mais importante do século XX: a substituição de interpretações judiciais por regulamentos de agências administrativas: o significado da lei deve depender da discrição política do Executivo, não do Judiciário.

Em 1946 ocorreu a promulgação da *Lei de Procedimento Administrativo* (*Administrative Procedure Act* - APA), a lei básica que regula as agências administrativas. Ela dispõe, notadamente, que o *juiz revisor da decisão administrativa deve decidir todas as questões relevantes de direito e interpretar as disposições da lei*. Num primeiro momento, a disposição parece reafirmar a orientação de que as questões interpretativas devem ser resolvidas pelos Tribunais, e não pelo Executivo.

Esta disposição permaneceu incerta e indefinida até 1984, quando a Suprema Corte (SCOTUS) decidiu *Chevron*[1]. Esta decisão ocorreu num momento no qual a *Environmental Protection Agency* (EPA) pretendeu substituir *incentivos econômicos* por regulamentações.

Em *Chevron*, o Tribunal observou que o Congresso

---

[*] Traduzido em versão compendiada para o português, com a autorização do autor, por Maíra Almeida e Igor De Lazari, do artigo de Cass R. Sunstein, originalmente publicado em 115 Yale Law Journal 2580 (2006), Beyond Marbury:The Exective's Power to Say What the Law is, produzido originalmente em língua inglesa.
[**] Professor Robert Walmsley da Universidade de Harvard.
[1] 467 US 837 (1984)

ocasionalmente delega inequivocamente o poder de interpretação das leis às agências. Diante de uma delegação inequívoca desse poder, os Tribunais serão deferentes às agências. Mas a SCOTUS não pôde, e não sustentou, que o *Clear Air Act* possuísse qualquer delegação inequívoca. Por isso, a Corte acrescentou que *às vezes a delegação legislativa de uma determinada questão é implícita e não inequívoca*. Referiu-se o Tribunal à possibilidade de que o Congresso houvesse desejado que uma agência interpretasse determinada lei, baseado na ideia de que aqueles que detêm *expertise* e que possuem a responsabilidade por regular determinado setor se situam numa melhor posição interpretativa.

No mais, a SCOTUS se referiu a dois pontos pragmáticos: os juízes não possuem *expertise* e não são politicamente responsíveis. Embora as agências não sejam diretamente responsíveis perante o povo, o Presidente é. Na opinião do Tribunal, seria mais apropriado que as agências que operam sob a supervisão da Presidência, por substituição aos juízes, resolvam sobre *interesses conflitantes que o próprio Congresso inadvertidamente não resolveu, ou deixou intencionalmente de ser resolvido à luz das realidades cotidianas*.

Pode-se notar agora que *Chevron* é um anti-*Marbury* para o Estado administrativo, já que parece sugerir que, *ex vi* de ambiguidade legislativas, é *enfaticamente competência do Poder Executivo dizer qual é o significado da lei*.

Mas de que modo *Chevron* afetou o mundo real das ações do Executivo e do Judiciário? E. Donald Elliott, *Ex-Conselheiro Geral* da EPA, ofereceu um relato informal, mas informativo, que sustenta o argumento que apresentei de defesa da deferência ao Executivo. Elliott afirmou que *Chevron mudou a maneira como fazíamos negócios*; antes da *Chevron*, os Procuradores da EPA supunham que uma lei seria *uma norma prescritiva com um único significado, que poderia ser descoberto por especialistas treinados e equipados com ferramentas jurídicas*. Mas, após *Chevron*, os Procuradores passaram a *apontar um escopo de discricionariedade possível no âmbito do qual a agência poderia agir, a partir de uma ambiguidade legal*. Resultado disso é, não um único significativo interpretativo, mas um *espaço político*, que possui uma série de interpretações discricionárias possíveis.

Desde 1984, porém, houve sérios ataques à ideia de que o Executivo possui o poder de dizer o significado da lei. Muitos afirmaram que a ideia afetaria o *rule of law*, permitindo uma reunião de poderes interpretativos e adjudicatórios pelas agências, de modo a impedir uma revisão judicial independente.

Nos últimos anos, os debates mais ativos sobre o poder do Executivo de interpretar a lei se basearam no *Chevron Step Zero* - a investigação inicial sobre se o Executivo possui, afinal, poderes interpretativos[NT].

Principal precedente relacionado à discussão é *United States v. Mead Corporation*, relativo a uma *regra tarifária* da *Alfândega dos Estados Unidos*. Essa decisão se qualificou à deferência *Chevron*? Disse a SCOTUS que não, distinguindo *Chevron* de outros precedentes nos quais a decisão da agência seria analisada, mas não receberia qualquer deferência. Para a SCOTUS, *Chevron* se aplica *quando o Congresso houver delegado autoridade à agência para publicar regulações que possuam "força da lei"*[NT], *e que a interpretação da agência haja ocorrido no exercício desta autoridade*. Uma delegação implícita de autoridade interpretativa seria aparente se o Congresso *esperasse que a agência pudesse publicar normas com a "força de lei"*.

[NT] Leia-se, se *Chevron* é ou não aplicável.

[NT] Regulamentos que possuem *força de lei* normalmente derivam de procedimentos administrativos *formais*. Em *Mead*, a agência havia adotado procedimentos relativamente informais para manifestar sua interpretação. Estabelece o APA que agências podem publicar regulamentos adotando procedimentos *formais* e *informais*. Regulamentação *informal* segue os seguintes passos: (i) a agência publica uma proposta de regulamento; (ii) interessados submetem *comentários escritos* sobre a proposta da agência; (iii) após analisar os *comentários*, a agência publica a norma. Por outro lado, a regulamentação *formal* segue os seguintes passos: (i) a agência publica uma proposta de regulamento; (ii) ao invés de receber *comentários escritos*, a agência deve regular audiências de adjudicação, de natureza adversarial; a agência deve basear sua decisão apenas nos registros dessa agência; (iii) após analisar os *comentários*, a agência publica a regra.

Mas o que motivou o Tribunal a restringir o domínio de *Chevron*? Parece-me que o raciocínio da SCOTUS se ampara na ausência de uma delegação legislativa de poderes de interpretação. Talvez não haja ocorrido delegação nos precedentes nos quais o Tribunal afirmou que *Chevron* não se aplicaria.

Essa hipótese é justificável, mas há dois problemas relevantes: (i) o primeiro se refere aos ônus da decisão. Para dizer o mínimo, é lamentável que litigantes e Tribunais precisem investigar se uma decisão do Executivo merece deferência; (ii) o segundo e principal problema se baseia numa análise institucional: não há razão para pensar que Tribunais são melhores que as agências para resolver ambiguidades legais. *Mead*, portanto, deve ser reputado um *precedente incomum em um cenário extremamente incomum*, que prejudicava a ideia de que o Poder Executivo deveria receber deferência ordinária.

Finalmente, a alocação do poder de interpretação no Executivo ajusta-se admiravelmente à mudança do século XX descrita no início. É óbvio que o Executivo deve seguir a lei quando inequívoca e que as decisões da agência serão inválidas se arbitrárias. Mas se uma lei é ambígua, o Executivo deverá possuir o poder de interpretá-la da maneira que achar melhor.

Infelizmente, os Tribunais ocasionalmente reafirmam sua primazia na interpretação da lei; por resultado, os ideais políticos dos juízes permanecem desempenhando um papel na revisão judicial das interpretações das agências. Esforços judiciais dessa natureza devem ser resistidos, ressalvados os domínios nos quais o Congresso deve apresentar inequivocamente uma autorização interpretativa aos agentes do Executivo. Nesses domínios, a ambiguidade da lei não é suficiente para autorizar o Poder Executivo a agir por si só.

CHENERY I E II: PROCEDIMENTOS NA EDIÇÃO DE NOVOS PADRÕES REGULATÓRIOS*

Sérgio Bocayuva Tavares de Oliveira Dias
Maíra Almeida

INTRODUÇÃO

Securities and Exchange Comission (SEC) v. Chenery Corp. suscitou dois julgamentos da SCOTUS a respeito da mesma controvérsia. Chenery designa a parte recorrida (respondent) nos dois casos. Os Chenerys eram oficiais, diretores e acionistas controladores da Federal Water Service Corporation (FWSC), companhia de utilidade pública.

Chenery I foi decidido em 1944. Discutia-se o acerto do procedimento adjudicatório adotado pela SEC ao avaliar a reorganização da FWSC, especificamente em relação à irregularidade da aquisição de ações preferenciais feita pelos recorridos, enquanto a reorganização societária aguardava avaliação da agência (SEC). A SCOTUS decidiu, conforme voto do justice Frankfuter, no sentido de que a questão demandaria aprofundamento por parte da SEC, devolvendo o tema (remand[1]) para nova decisão. Atendendo ao resultado de Chenery I, a agência chegou à mesma conclusão, mediante outro procedimento adjudicatório, fazendo com que a discussão voltasse à SCOTUS em 1947, ensejando o julgamento de Chenery II. Neste, a Corte, por maioria, confirmou a decisão da agência, enfatizando a validade do procedimento adotado para instituir novo padrão na regulação.

OS FATOS SUBJACENTES À CAUSA

---

* SEC v. Chenery Corp., 318 U.S. 80 (1943) (I); SEC v. Chenery Corp., 332 U.S. 194 (1947) (II)

[1] Remand quer dizer devolver, referindo-se à decisão da SCOTUS que remete o caso à instância anterior para atos processuais posteriores. Geralmente, a SCOTUS inclui instruções para o juízo dar seguimento ao processo, direcionando o julgamento a ser proferido, fixando a interpretação a ser seguida, ou, ainda, determinando que seja proferido novo julgamento.

Chenery I discute a conduta dos recorridos praticada enquanto pendente a aprovação de propostas de planos de reorganização da companhia *FWSC*, submetidos à SEC. Cerca de 95% do patrimônio da nova companhia seria direcionado aos acionistas preferenciais da antiga. Durante o período de dois anos e meio, nos quais inúmeros planos foram sucessivamente submetidos e rejeitados pela SEC, os acionistas que controlavam a *FWSC* por meio de ações ordinárias adquiriram aproximadamente 8% de ações preferenciais no mercado paralelo por preços substancialmente inferiores aos valores contábeis das novas ações ordinárias, para as quais as preferenciais seriam convertidas.

Segundo os próprios recorridos, adquirentes dessas ações, a operação teve como objetivo proteger seus interesses. A SEC, examinando a quarta alternativa de plano apresentada pela *FWSC*, concluiu que não poderia aprová-lo, tendo em vista o cenário de negociação das ações preferenciais. Embora não tenha reconhecido fraude, enriquecimento ilícito ou má-fé, a agência considerou que os recorridos, na qualidade de gestores da companhia e do plano, estariam obrigados como *fiduciários* a observar um *dever de negociação justa*, contexto que vedaria negociar com ações da companhia enquanto o plano estivesse em exame. Com tal conclusão, baseada exclusivamente em princípios e precedentes judiciais, a SEC aprovou a reestruturação, realizando, porém, um aditamento para desfazer a aquisição das ações preferenciais, mediante ressarcimento acrescido de juros. A conclusão da SEC foi reformada pela Corte do Distrito de Columbia. O caso ascendeu à SCOTUS por recurso da agência.

Em *Chenery II*, o debate diz respeito à mesma operação com ações preferenciais. A SEC, após a decisão de *Chenery I*, proferiu nova decisão, chegando a igual resultado. Contudo, a fundamentação foi diferente. A agência não buscou *standards* judiciais de equidade, como fez anteriormente. Ao contrário, baseou-se em experiências prévias acumuladas na análise de reorganização de companhias de utilidade pública, além de fatos ligados ao caso concreto, relacionando sua decisão com a interpretação do *Public Utility Holding Company Act of 1935*

(*Act*). Os recorridos, perante a SCOTUS, além de alegarem preclusão quanto ao tema, em razão do julgamento proferido no primeiro caso, defendiam que essa vedação das operações com ações configurava inovação regulatória, pois não resultava das previsões normativas aplicáveis à reorganização. Assim, argumentava-se que a decisão da agência só poderia ser resultante da edição de regra geral com efeitos prospectivos.

A CONTROVÉRSIA JURÍDICA

Em *Chenery I* a discussão concentrava-se em definir a valida de da decisão da SEC em desfazer a aquisição de ações preferenciais, considerando que os adquirentes se encontravam na posição de gestores da companhia e de arquitetos do plano de reorganização. A SEC chegou a essa conclusão interpretando princípios judiciais de equidade em operações comerciais.

Por sua vez, em *Chenery II*, a fundamentação da SEC muda, atingindo o mesmo resultado. A discussão diz respeito à eventual preclusão em restringir o negócio realizado pelos gestores da companhia, em função do julgamento anterior, além de definir a possibilidade de inovação da agência, mediante a restrição de operação, pois essa conclusão, sem clara previsão em normas anteriores, surge diante de um caso concreto, de forma que configuraria efeitos retroativos.

A DECISÃO

O julgamento de *Chenery I* tem um escopo mais restrito, pois a SCOTUS não adentra na matéria de fundo, devolvendo a questão para a SEC reexaminar o caso (*remand*). De toda forma, contém importantes considerações sobre o prisma em que a Corte encarou a decisão da agência, pois ela se baseou na interpretação de precedentes judiciais. De fato, a fundamentação da agência, segundo a SCOTUS, revela que a SEC decidiu como se fosse uma *corte de equidade* para concluir que os recorridos teriam os mesmos deveres que *fiduciários* de acionistas da companhia *FWSC*, inferindo, a partir disso, a vedação à aquisição das ações preferenciais na pendência do plano de reorganização. Assim, prossegue a SCOTUS expondo que a análise do caso deve se limitar a esse enfoque utilizado pela própria SEC, sem que fundamentos distintos ingressassem no debate judicial.

Nessa linha, restringido a abrangência da discussão, a SCOTUS rejeita a conclusão da SEC, identificando desacerto da decisão que teria se guiado a partir de precedentes judiciais, pois os paradigmas, tratando de situações sensivelmente diferentes, não vedariam as operações de aquisição de ações, desfeitas quando o plano foi aprovado. No entanto, faz-se a ressalva de que caberia à agência, valendo-se de suas prerrogativas legais, analisar os fatos e proceder a uma conclusão autêntica (desvinculada de precedentes judiciais), baseada em sua expertise acumulada e na interpretação das normas previstas nos parágrafos 7 e 11 do *Public Utility Holding Company Act*. Segundo a SCOTUS, seria plausível que os arquitetos de um plano de reorganização tivessem restringida sua liberdade de aquisição de ações, considerando que poderiam obter alguma vantagem em razão dessa posição.

De toda forma, essa avaliação seria incabível no caso concreto, tanto pelos fundamentos utilizados pela SEC, limitando-se a invocar precedentes judiciais, como também pela constatação de que faltavam, nos registros do processo da agência, dados sobre os recorridos terem obtido alguma vantagem concreta na aquisição das ações preferenciais, comparando-se com os demais acionistas ou investidores em geral.

Nessa linha, a SCOTUS devolveu o caso para novo pronunciamento da agência, que deveria observar os fundamentos adotados no julgamento.[2]

Desse *remand* de *Chenery I* surge a controvérsia do segundo julgamento, definido por maioria conforme voto do *justice* Murphy. A SCOTUS, por maioria, afastou a alegação de preclusão, entendendo que no primeiro caso não teria sido definida a inviabilidade de reavaliar a controvérsia sobre a

---

[2] For the purposes of affirming no less than reversing its orders, an appellate court cannot intrude upon the domain which Congress has exclusively entrusted to an administrative agency.

aquisição das ações. Tampouco teria havido vedação à adoção de uma regra derivada do caso concreto para ajustar o plano. A SCOTUS considerou que a ausência de regra geral e prévia sobre a negociação de ações por gestores, durante a pendência de reorganização FWSC, não impediria que a SEC emitisse, a partir do caso particular, norma específica para ajuste da operação à prática correta para o mercado.

A fundamentação admite que esse ponto relativo ao procedimento foi objeto de abordagem em *Chenery I*, mas em *obter dictum*, limitando-se a mencionar a edição de padrões gerais, mediante procedimento de normatização (*rulemaking*), *quase legislativo*, como uma conduta meramente preferencial no âmbito da agência.

A SCOTUS enfatiza a relevância da edição de regras a partir de cada caso concreto (*adjudication*), conforme particularidades que só podem ser conhecidas no momento em que são submetidas para exame da agência. De fato, a questão controvertida *pode ser tão especializada e variada em sua natureza a ponto de tornar impossível sua inclusão dentro dos limites de uma regra geral*. Assim, a SCOTUS valoriza a regulação a partir de um exame *caso a caso*, concedendo, inclusive, que a norma editada tenha efeitos retroativos, porquanto criada e aplicada a partir da situação específica, muitas vezes inédita, que se encontra pendente de decisão pela Administração.

Foi justamente esse o contexto de *Chenery II*, pois a SEC, rediscutindo a operação dos gestores, avaliou, segundo sua expertise e apuração dos fatos, de que forma a aquisição das ações preferenciais refletiria no mercado. Mesmo não havendo regra prévia e expressa vedando a compra das ações, a SCOTUS confirmou que a agência poderia desfazer as operações, pois ficou demonstrado em fundamentação substancial como a restrição da liberdade negocial dos gestores era consistente com critérios de equidade e justiça, destinados a proteger interesses de investidores e consumidores. Essa valoração, segundo a SCOTUS, estaria inserida no âmbito da atribuição da SEC em definir políticas para regular o mercado de companhias de interesse público, nos termos do *Act*. Logo, não caberia ao

Judiciário interferir.

A IMPORTÂNCIA DO PRECEDENTE

Embora *Chenery* reúna numa mesma discussão dois julgamentos da SCOTUS, a matéria realmente relevante, para efeitos de desenho do Estado Administrativo norte-americano, foi definida no segundo julgamento.

A questão sobre o procedimento adotado para editar inovação regulatória, bem como a possibilidade de retroatividade, foi significativamente conferida à avaliação da agência, diante de cada caso. A discussão trazida pelos litigantes mostra que o *Act* realmente não estipulava qualquer vedação de operações acionárias para os gestores da companhia, nem mesmo na situação em que ela se encontrasse durante processo de reorganização.

Diante desse contexto, a partir de previsões amplas da legislação, como as expressões equidade e justeza, a SCOTUS reconhece caber à agência, à luz dos fatos subjacentes à operação e às circunstâncias do mercado, analisar se é pertinente restringir a operação realizada pelos gestores. Portanto, a norma proibitiva é retirada a partir do caso que se encontra sob exame perante a Administração, sobre ele incidindo, desdobrando em retroatividade.

Essa incidência da regra regulatória sobre atos já praticados acaba sendo admitida pela SCOTUS, diante da percepção de que a dinâmica do setor regulado exige flexibilidade para enfrentar situações inéditas, que não poderiam ser antecipadas pela via de processos normativos seguindo parâmetros de predição geral.

Com isso, a análise individualizada, via procedimento adjudicativo, é robustecida como possível canal de inovação regulatória, evitando que a Administração fique presa a um só caminho de edição normativa para enfrentar as multiplicidades de situações apresentadas pelos agentes econômicos.

SKIDMORE E A DEFERÊNCIA *PRIMA FACIE* À INTERPRETAÇÃO DAS AGÊNCIAS REGULADORAS*

Daniel Mitidieri Fernandes de Oliveira
Gustavo Salles da Costa

INTRODUÇÃO

O caso a ser analisado é o *Skidmore v. Swift & Co.*, 323 US 134, decidido em 1944 pela Suprema Corte dos Estados Unidos da América - SCOTUS. O estudo deste precedente é interessante em termos regulatórios, sobretudo para o direito do trabalho, já que a causa se cingiu a discutir o *Fair Labor Standards Act* e a noção de tempo à disposição do trabalhador por ordem de seu empregador.

A análise que ora se promove levará em consideração os fatos, a controvérsia jurídica e a decisão tomada na produção desse julgado.

OS FATOS SUBJACENTES À CAUSA

Jim Skidmore e outros seis funcionários da fábrica de empacotamento da *Swift & Company* em Fort Worth, Texas, exerciam atividades de bombeiros, e atuavam como operadores de elevadores e socorristas. Trabalhavam oito horas por semana, e recebiam salário regular. Além disso, também ficavam à disposição do empregador, por três ou quatro noites semanais, em regime de plantão no setor de combate a incêndio, para o caso de o alarme ser acionado em virtude de alguma ocorrência noturna.

Para o exercício noturno de suas atividades laborais, os funcionários só recebiam pagamento pelo tempo exato em que atuavam nas emergências. Fora dos imprevistos, eles não recebiam salário em espécie. Isso porque o espaço de repouso dos bombeiros era equipado com dormitórios climatizados. Também as acomodações contavam com infraestrutura para

---

* Skidmore v. Swift & Co., 323 U.S. 134 (1944)

a prática de atividades recreativas, tais como natação, dominó, entre outras. Nesse contexto, o tempo à disposição para o socorro eventual não era pago em pecúnia aos empregados.

Assim, durante o tempo em que passavam em suas acomodações de repouso e lazer à espera de alguma ocorrência os reclamantes podiam dormir com conforto ou se divertir livremente.

Apesar de tudo isso, o argumento que fora utilizado para o acionamento judicial da empresa *Swift & Company* consistiu no fato de que os funcionários deveriam ser compensados em pecúnia também pelo tempo de espera, independentemente de responderem ou não a um alarme. A pretensão ressarcitória restou fundada no *Fair Labor Standards Act* (FLSA).

A CONTROVÉRSIA JURÍDICA

Os autores buscavam receber cerca de US$ 77.000,00 (setenta e sete mil dólares) em horas extras, danos emergentes e despesas advocatícias.

Entretanto, durante o período reclamado não houve incêndios, os alarmes eram raros e o tempo necessário para a resposta raramente excedia a uma hora. A questão jurídica, portanto, consistia em saber se o mero plantão noturno para emergências deveria ser ou não remunerado segundo a legislação trabalhista norte-americana. A questão central consistia em definir se o tempo de espera seria ou não tempo de trabalho apreciável em pecúnia.

A DECISÃO

Nas instâncias ordinárias, o pedido foi julgado improcedente. O Tribunal de Apelação do Quinto Circuito confirmou entendimento do Tribunal Distrital, no sentido de que o tempo que os demandantes ficavam à disposição, à espera de chamadas para responder a alarmes de incêndio, não correspondia propriamente a horas de trabalho. Por essa razão, a pretendida compensação pecuniária a título de horas extras, sob o pálio do *Fair Labor Standards Act*, não teria cabimento.

Diante do julgamento de improcedência nas instâncias ordinárias, os trabalhadores recorreram mediante *writ of certiorari* à SCOTUS.

O relator designado para o caso foi o *Justice* Robert H. Jackson.

Em decisão unânime, a SCOTUS decidiu não haver razão para desconsiderar o tempo de espera como tempo de trabalho, especialmente nos casos em que as condições de emprego envolvessem tempo à disposição.

O caso apresenta uma particularidade em matéria de direito regulatório. Na fundamentação da decisão, a SCOTUS consignou que a regulação dos contratos de trabalho coube a uma figura administrativa criada por lei com o fito de inibir violações à legislação trabalhista norte-americana. Com isso, autoridades administrativas teriam acumulado expertise na verificação dos problemas inerentes ao tempo de trabalho em empregos que apresentam intervalos de inatividade.

A autoridade administrativa máxima, antes do precedente *Skidmore*, havia editado um ato interpretativo sobre salário e horário de trabalho, mas sem natureza legislativa. O intuito era produzir um guia prático tanto para empregadores quanto para funcionários do setor de regulação laboral norte-americano.

Assim, o ato trazia sugestões e exemplos práticos para orientar situações específicas. Embora o caso levado à Suprema Corte não estivesse regulado no manual, a autoridade administrativa gozava de influência, tendo sido ouvida na qualidade de *amicus curiae* durante o julgamento. A propósito, sua manifestação foi em sentido contrário à pretensão dos recorrentes.

Ficou consignado pela SCOTUS que, embora possa ser difícil detalhar os fatos de um caso como este e se o tempo de espera constitui propriamente trabalho, o Congresso americano teria outorgado esse poder de determinação aos tribunais. Munida dessa interpretação, a Suprema Corte avançou no mérito do processo e declarou que as decisões dos tribunais inferiores baseavam-se em entendimento equivocado da lei que classificava o *tempo de espera* como distinto da classificação de *tempo de trabalho*.

É interessante notar que a SCOTUS não acompanhou o entendimento da autoridade administrativa. Com isso, deu provimento ao recurso, reformando a decisão das instâncias ordinárias. Não obstante esse comportamento, o tribunal deixou registrado que as políticas do administrador são feitas em cumprimento do dever legal, com base em experiências e fundadas em informações mais amplas do que é provável que um juiz seja capaz de levantar durante um julgamento particular. Dessa maneira, o tribunal valorizou a opinião de órgãos administrativos e seus respectivos regulamentos interpretativos, ainda que, no caso concreto, não tenha considerado a opinião da autoridade reguladora.

A Suprema Corte concluiu que uma compreensão do *Fair Labor Standards Act* que afastasse tempo à disposição da noção de tempo de trabalho não mereceria ser acolhida. Uma sinalização deferencial à autoridade administrativa foi manifestada, embora a conclusão em si do julgamento não tenha sido deferencial. Contribuiu para esse resultado não deferente o fato de que o próprio ato interpretativo editado pela autoridade administrativa não contemplar em detalhes o tempo de espera questionado pelos reclamantes. Uma lacuna regulatória na legislação ensejou sua colmatação pela Corte.

A IMPORTÂNCIA DO PRECEDENTE

O caso *Skidmore* suscita o poder de persuasão de agências administrativas diante dos tribunais. De tal modo, criou-se o chamado modelo de deferência conhecido como *deferência de Skidmore*, em que uma Corte pode ser persuadida por determinada interpretação administrativa, e adotar uma conclusão deferente em sede judicial, utilizando-se do convencimento e confiabilidade da fundamentação das decisões administrativas sob apreciação da Justiça.

A *contrario sensu*, se não for convencida, a Corte pode substituir - ou melhor, reformar - a interpretação do agente regulador por sua própria conclusão, superando a compreensão dos especialistas administrativos.

Este modelo de deferência possui grande impacto no processo de judicial review de decisões administrativas. Mesmo sem possuir competência legislativa precípua, uma agência pode editar instruções normativas indicando a forma como serão aplicadas as normas vigentes.

Nada obstante, de acordo com a decisão em tela, uma regra interpretativa administrativa não pode gerar efeitos vinculantes para as Cortes, tendo em vista que as agências administrativas devem respeitar a competência Congressional e sua capacidade de edição normativa.

Contrariamente à decisão estabelecida posteriormente no caso *Chevron U.S.A. Inc. v. Natural Resources Defense Council, Inc.* (1984), que marcou a deferência de Cortes Federais perante interpretações administrativas em casos de normas ambíguas ou lacunas normativas, a *deferência de Skidmore* permite à Corte determinar o nível apropriado de deferência, dependendo de seu próprio julgamento sobre a lide, baseado na habilidade da agência em justificar sua interpretação perante o Poder Judiciário.

O IMPACTO NO PROCESSO DE DEFERÊNCIA ADMINISTRATIVA

O precedente de *Skidmore* é de grande importância para a sistemática do Estado Administrativo moderno, pois apresenta novas perspectivas de deferência que foram desenvolvidas posteriormente por outros casos paradigmáticos da SCOTUS, como o modelo de deferência estabelecido no caso *Chevron U.S.A Inc. v. Natural Resources Defense Council, Inc.* (1984).

O primeiro modelo de deferência trata das interpretações levadas a efeito pelas agências reguladoras no que diz respeito aos seus atos administrativos, enquanto o segundo modelo alterou o âmbito da doutrina aplicável às interpretações das agências reguladoras.

No campo acadêmico do Direito, enquanto um segmento defendeu que apenas um dos precedentes deveria prevalecer na análise judicial de decisões administrativas, houve o surgimento de outra corrente sustentando que não deveria haver disputa de qual forma de deferência prevaleceria, entre o modelo *Skidmore* e *Chevron*, e sim união de ambas na formulação de um processo de análise de deferência pelas Cortes.

No caso *Skidmore*, a Suprema Corte se posiciona em relação aos atos normativos da Administração que não possuem força de lei, declarando que não seria possível aplicar a mesma deferência concedida a atos normativos que possuíssem força de lei. Na verdade, *Skidmore* destaca a importância do pronunciamento administrativo por este apresentar maior densidade técnica que atos editados pelo Poder Legislativo. Do caso *Skidmore* surge o que alguns autores passaram a chamar de *step zero* (etapa zero) na *Chevron Doctrine*: a avaliação do caráter legal ou infralegal do ato questionado.

Assim, o precedente de *Skidmore* tornou-se um dos passos para a realização do *teste de razoabilidade* na análise de matérias afetas ao Estado Administrativo. O teste determina a deferência a ser dada às normas de uma agência com base no (i) rigor da investigação da agência; (ii) validade do seu raciocínio; (iii) consistência de sua interpretação ao longo do tempo e (iv) outros poderes de persuasão da agência em questionamento.

Por mais impactante que tenha sido esse precedente no ordenamento jurídico e administrativo atual, há indicações de que o sistema judicial norte-americano ainda possui dificuldade em aplicar e interpretar as principais decisões desta matéria como complementares, como é o caso paradigmático *Equal Employment Opportunity Commission* (EEOC) v. *Arabian American Oil Co.* (1991), contenda ocorrida anos após os precedentes supracitados, que tratou sobre a possibilidade de extensão dos direitos trabalhistas para nacionais de empresas norte-americanas prestadoras de serviços no exterior.

A DEFERÊNCIA DE *SEMINOLE ROCK**

Carolina Almeida Barbosa
Igor De Lazari
Wanny Fernandes

INTRODUÇÃO

Bowles v. Seminole Rock (*Seminole*) surgiu no âmbito de um regime de *controle e estabilização de preços*, instituído durante a Segunda Guerra e definido pela agência de administração de preços - *Office of Price Administration* (OPA).

Para realização de seus propósitos, a OPA publicou, no dia 28 de abril de 1942, o *Regulamento Geral de Preço Máximo*, que determinou o *congelamento de preços de milhares de commodities*. Posteriormente, a OPA publicou inúmeros *regulamentos específicos* para distintos segmentos de produtos, incluindo-se o *Regulamento de Preço Máximo no. 188*, de julho de 1942, que dispunha sobre *bens e produtos para aplicação na construção civil*. Paralelamente, a OPA publicou um boletim (*O Que Vendedores Precisam Saber Sobre o Regulamento Geral de Preço Máximo*) manifestando sua interpretação acerca de dispositivos dos regulamentos. Em *Seminole*, questionou-se, precisamente, se as interpretações oficiais da agência acerca destes regulamentos mereceriam deferência.

Especificamente, a OPA afirmou que a *Seminole Rock & Sand Company* haveria descumprido a *Lei de Controle de Preços* (*Emergency Price Control Act*) ao praticar preços de pedras britadas (*crushed rock*) superiores àqueles definidos nos *Regulamentos de Preço Máximo*, que dispunham que *o vendedor não poderá cobrar por seus produtos preços superiores àqueles praticados no período-base de março de 1942*. Esses regulamentos, porém, possuíam ambiguidades, quanto às quais a OPA e a *Seminole* divergiram.

---

* Bowles v. Seminole Rock & Sand Co., 325 U.S. 410 (1945)

Terminantemente, a Suprema Corte dos Estados Unidos (SCOTUS) ratificou a interpretação da OPA e, durante o julgamento, afirmou que *o critério último é a interpretação administrativa, que possuirá peso determinante, salvo se incorreta ou inconsistente com o regulamento.*

OS FATOS SUBJACENTES À CAUSA

De maneira sistemática, podem assim ser descritos os *fatos* relevantes:
- a *Seminole* produzia pedra britada, uma *commodity* sujeita ao Regulamento de Preço Máximo no. 188;
- a *Section 1499.153(a)* do Regulamento de Preço Máximo no. 188 dispunha que *o preço máximo de qualquer produto entregue ou oferecido para entrega em março de 1942 pelo fabricante/produtor será o "preço mais alto praticado pelo fabricante/produtor" durante aquele mês, para os propósitos do disposto na Section 1499.163(a)(2) do regulamento*;
- por outro lado, a *Section 1499.163(a)(2)* dispunha que, para os propósitos do regulamento, *o termo "preço mais alto cobrado durante o mês de março de 1942" significa (i) o preço mais alto cobrado pelo vendedor/fabricante pelos produtos ou materiais entregues para compradores de mesma classe durante o mês de março de 1942; (ii) se não houve nenhuma entrega durante o mês de março de 1942, o preço mais alto será o preço de oferta para compradores de mesma classe; (iii) se não houve entregas ou ofertas para um comprador de mesma classe, o preço mais alto praticado no mês de março de 1942 será o preço de venda para um comprador de uma classe diferente, ajustado de modo a refletir as diferenças habituais de preços praticados para os dois compradores*[1].

---

[1] Definição de *comprador de mesma classe* é apresentada na *Section 27(11)* do *Regulamento*, significando *um comprador que pertence à mesma classe de preço, isto é, que pertence a um grupo de compradores para quem o vendedor usualmente fornece produtos ou serviços a um determinado preço. Se no período-base o vendedor costumeiramente fornecia ou oferecia determinado serviço a algum comprador por um preço diferente daquele oferecido a outros compradores, aquele primeiro comprador integrar uma classe diferente destes últimos.*

- no mês de outubro de 1941, a *Seaboard Air Line Railway* adquiriu pedra britada da *Seminole* pelo preço de US$ 0.60/tonelada; a *entrega* desta pedras, porém, ocorreu apenas no mês de março de 1942;
- no mês de janeiro de 1942, a V. P. Lofts Co. adquiriu da *Seminole* pedras britadas pelo preço de US$ 1.50/tonelada; uma pequena quantidade de pedra, de dimensão diferente daquela adquirida pela *Seaboard*, *foi efetivamente entregue* no mês de janeiro; não houve nenhuma *nova entrega* até o mês de agosto de 1942, e, nesta data, as *pedras entregues* possuíam as mesmas dimensões daquelas adquiridas pela *Seabord*;
- posteriormente, e após a publicação do *regulamento de preço máximo no. 188*, a *Seminole* acordou *novas vendas* de pedra britada para a *Seabord* pelos preços de US$ 0.85-1.00/tonelada;
- a OPA afirmou, porém, que o preço máximo que a *Seminole* poderia praticar, para a pedra adquirida pela *Seabord*, seria de US$ 0.60, que havia sido o preço pago *pelas pedras entregues* no mês de março de 1942, segundo o disposto no *item (i)* da *Section 1499.163(a)(2)* do Regulamento; por razão disso, a OPA afirmou que a *Seminole* descumprira o *regulamento de preço máximo no. 188*;
- por outro lado, a *Seminole* afirmou que o *item (i)* seria aplicável apenas se a *vendas e a entrega* houvessem ocorrido no mês de março; disse, porém, que, já que *venda* para a *Seabord* havia ocorrido muitos meses antes de março, a regra do *item (i)* seria inaplicável, atraindo a aplicação sucessiva da regra do *item (ii)*; já que houvera ofertado pedras britadas à Loftis Co. durante o mês de março pelo preço de US$ 1.50, não obstante *entregues* apenas posteriormente, o preço máximo das pedras que poderia praticar seria, precisamente, US$1.50/tonelada, nos moldes do *item (ii)* da *Section 1499.163(a)(2)*.
- para o Tribunal Distrital, o preço máximo praticado no mês de março de 1942, para a pedra britada, havia sido US$ 1.50/tonelada, de modo que a *Seminole* não haveria descumprido o regulamento; o Tribunal do Circuito afirmou o julgamento no ano de 1944;
- a SCOTUS deferiu o *certiorari* por razão da importância do

problema para as *leis emergenciais de controle e estabilização de preços;*

Para ilustração:

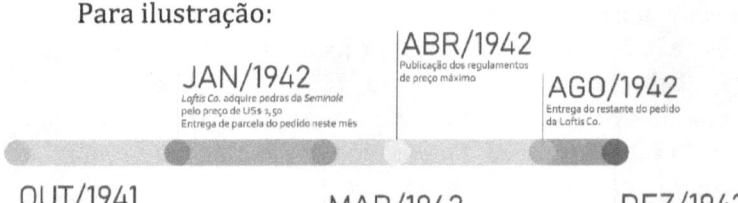

A DECISÃO

Na sua decisão, a SCOTUS afirmou, sinteticamente, que:

1. sob a Regra (i) do § 1499.163 (a) (2) do *Regulamento de Preço Máximo* no. 188 da OPA, o *preço* de um produto *efetivamente entregue* no mês de março de 1942 seria o *preço máximo* de referência para aquele produto, segundo o *Emergency Price Control Act*, independentemente da data da realização da *venda* ou da *cobrança*. Por razão disso, o preço máximo da pedra britada que a *Seminole* poderia praticar seria US$ 0.60/tonelada. Para a SCOTUS, apontada inferência decorre:

    a. *do fato de que a regra do item (ii) se tornaria aplicável apenas quanto o vendedor não houvesse realizado nenhuma entrega durante o mês de março; portanto, a ausência de uma entrega, e não de uma venda acompanhada de uma entrega, seria necessária para tornar a regra do item (i) inaplicável;*

    b. *quaisquer dúvidas relativas à interpretação da regra do item (i) são suprimidas ao se realizar a leitura do boletim publicado pela OPA (O Que Vendedores Precisam Saber Sobre o Regulamento Geral de Preço Máximo), que indica que "o preço mais alto cobrado em março de 1942 significa o maior preço cobrado pelo vendedor por um produto efetivamente entregue durante aquele mês, ou, não havendo entregas, o maior preço de oferta do produto realizada no mês de março";*

c. *a leitura da SCOTUS sobre a linguagem da Section 1499.163(a)(2) do Regulamento de Preço Máximo no. 188 e a interpretação administrativa consistente da frase "preço mais alto cobrado durante o mês de março de 1942" impõe a conclusão de que o preço máximo cobrado pela Seminole durante março de 1942 havia sido US$ 0.60/tonelada, já que se referia ao preço máximo cobrado por um produto efetivamente entregue naquele mês.*

2. ao interpretar uma regulação administrativa, o Tribunal deve necessariamente *considerar* a *interpretação do regulamento* realizada pela agência se o significado das palavras utilizadas na lei é dúbio. Eventualmente, a *intenção do Congresso* ou os *princípios da Constituição* podem ser relevantes para a definição da melhor interpretação. Terminantemente, porém, o parâmetro último é a interpretação administrativa, que possui peso determinante, a menos que seja nitidamente *incorreta ou inconsistente.*

No mais, a SCOTUS se isentou de apreciar a (in)constitucionalidade do regulamento, que deveria haver sido objeto de análise das instâncias inferiores.

A IMPORTÂNCIA DO PRECEDENTE

Diferentemente da doutrina *Chevron*, que orienta a deferência do Judiciário às interpretações realizadas pelas agências das *leis* do setor regulado, a *doutrina Seminole* impõe deferência às interpretações das agências de seus próprios *regulamentos.* Isto porque a *doutrina* determina que as interpretações da agência de seus regulamentos possuem peso determinante, salvo se nitidamente *incorretas ou inconsistentes.* Em razão disso, os Tribunais deverão ser deferentes às agências ainda que suas interpretações são sejam *as melhores possíveis*[2].

Em 1997, a SCOTUS reafirmou *Seminole* no julgamento de *Auer v. Robbins*. Entretanto, o parâmetro *Seminole/Auer* é disputável: afirma-se que a deferência subjacente à doutrina infirma o princípio da Separação dos Poderes, isto porque limita os poderes revisionais dos juízes, e, simultaneamente, atribui a uma agência do Poder Executivo poderes para interpretar seus próprios regulamentos; afirma-se, ainda, que, ao atribuir à agência poderes normativos e interpretativos, *Seminole* incentiva a produção de *regulações vagas ou ambíguas*, já que, invariavelmente, as agências receberão deferência ao interpretá-los.

Para defensores da doutrina, o padrão de deferência *Seminole* não é impedido pela lei ou pela Constituição; além disso, afirmam que a agência possui *vantagens interpretativas epistêmicas* e maior *expertise*. Embora alguns *justices* da SCOTUS já manifestaram, numa série de julgamentos[3], a necessidade de reconsideração da doutrina, a SCOTUS afirmou recentemente, no julgamento de *Kisor v. Wilkie*[4], que não houve superação das doutrinas *Auer* e *Seminole*.

O IMPACTO NO PROCESSO DE DEFERÊNCIA ADMINISTRATIVA

Seminole possuiu significativa relevância na definição do alcance da deferência que Tribunais devem atribuir às interpretações realizadas pelas agências de seus próprios regulamentos. Esta doutrina suplementa e amplia *Chevron*.

Embora a doutrina seja importante e paradigmática para a doutrina administrativa americana, a incidência de *Seminole* nos julgamentos da SCOTUS relativos a interpretações de agências é relativamente pequena e sensivelmente inferior a

---

[2] Decker v. Northwest Environmental Defense Center, 568 U. S. __, __ (2013)

[3] Mortgage Bankers, 575 U. S., at __-__ Decker, 568 U. S. ; Talk America, Inc. v. Michigan Bell Telephone Co., 564 U. S. 50, 68–69 (2011); Christopher v. SmithKline Beecham Corp., 567 U. S. __, __-__ (2012).

[4] Nele o requerente, James Kisor, pleiteia, diretamente, a revogação da doutrina *Auer*.

Chevron.[5]

Portanto, o maior impacto associado a *Seminole*, no panorama decisório da SCOTUS, mais se refere, atualmente, aos riscos de superação da doutrina. Isto porque, na ausência da doutrina *Seminole*, as agências podem, ao invés de produzir regulamentos menos ambíguos, diminuir o número de regulações e se socorrer no padrão de deferência definido no precedente *SEC x Chenery*, de 1947 (*Chenery II*): *Chenery II* preceitua que agências podem optar por interpretar as leis do setor regulado respectivo por meio da publicação de regras ou, alternativamente, por meio de *adjudicação caso a caso*. Exemplificativamente, se uma lei determina que *empresas atuem de maneira justa e de boa-fé, segundo o interesse público*, a agência poderá optar por publicar normas que prospectivamente definam o significado da lei (*notice-and-comment rulemaking*), ou, alternativamente, aplicar a lei retroativamente a algum *player* do setor regulado no âmbito de um procedimento administrativo adjudicatório.

No plano pós-*Seminole*, as agências poderão privilegiar a adjudicação, nos moldes da deferência *Chenery*, e preterir suas atribuições regulatórias. Isso provavelmente ampliaria as dúvidas interpretativas relativas à lei do setor regulado pela agência, e, ainda, poderia incentivar Tribunais a realizarem interpretações aprofundadas sobre segmentos apartados de sua *expertise*.

---

[5] ESKRIDGE, William; BAER, Lauren. The Continuum of Deference: Supreme Court Treatment of Agency Statutory Interpretations from Chevron to Hamdan. *Faculty Scholarship Series*, 3772 (2008).

CITIZENS TO PRESERVE OVERTON PARK v. VOLPE E HARD LOOK REVIEW*

Eurico Moreira da Silva Junior
Marcelo da Silva dos Santos

INTRODUÇÃO

No caso *Citizens to Preserve Overton Park, et al. v. Volpe, Secretary of Transportation, et al.*, 401 U.S. 402 (1971) ou simplesmente *Overton Park*, julgado em 1971, a Suprema Corte dos Estados Unidos (SCOTUS) impôs um padrão mais intenso de revisão judicial (*judicial review*) do que aquele previsto no *Administrative Procedure Act* (APA) de 1946. A SCOTUS exigiu uma investigação substancial e aprofundada do cumprimento das formalidades requeridas pelo APA. A intensificação da revisão judicial substantiva tornou-se conhecida como *hard look review*. Essa mudança de paradigma estabeleceu um novo parâmetro jurídico básico para o controle judicial das ações das agências administrativas norte-americanas.

OS FATOS SUBJECENTES À CAUSA

De acordo com a Seção 4(f) do *United States Department of Transportation Act* (USDOT) de 1966 e a Seção 138 do *Federal Aid Highway Act* de 1968, o Secretário do Departamento de Transporte somente poderia autorizar o uso de fundos federais para financiar a construção de estradas através de terras de parques públicos se demonstrasse a inexistência de rotas alternativas *viáveis e prudentes*. Caso uma rota alternativa não estivesse disponível, o Secretário de Transporte poderia aprovar a construção apenas se houvesse todo o planejamento possível para minimizar danos ao parque público.

O Secretário de Transporte, John A. Volpe, aprovou a proposta do Departamento de Estradas do Tennessee para

---

* Citizens to Preserve Overton Park v. Volpe, 401 U.S. 402 (1971).

construir a Rodovia Interestadual I-40, cuja rota atravessaria o interior de Parque Municipal *Overton Park*, em Memphis, provocando reações adversas da comunidade local e dando início ao caso, em dezembro de 1969.

O grupo de ambientalistas *Citizens to Preserve Overton Park* propôs uma ação judicial na Corte do Distrito Ocidental do Tennessee, alegando que o Secretário Volpe não cumprira o disposto na Seção 4(f) da USDOT e que havia fatos materiais relevantes a serem revistos. Os demandantes buscaram a via judicial para impedir o ato de liberação de recursos para o início das obras da I-40 através do parque municipal e alegaram que o Secretário de Transporte não seguiu o procedimento regulamentado pela agência, no que diz respeito à audiência pública.

Segundo os autores da ação, a Seção 4(f) proibia que a *Federal Transit Administration* (FTA) e outras agências do USDOT fizessem uso de terras de parques públicos, áreas de recreação, refúgios de vidas selvagens ou propriedades históricas públicas e privadas, exceto se não houvesse uma alternativa *viável e prudente*. Ademais, a USDOT determinava que a ação governamental fosse planejada na maior medida possível no intuito de minimizar danos à propriedade pública resultantes desta utilização.

A Seção 706 do APA, inserida no Capítulo que rege o âmbito da revisão judicial sobre as ações das agências administrativas, exige que o Poder Judiciário examine: (1) se o administrador agiu na esfera de sua autoridade; (2) se a decisão elaborada foi *arbitrária, caprichosa, abuse of discretion*[1], ou *em desconformidade com o Direito*; e (3) se a ação da agência seguiu os requisitos procedimentais necessários. O APA estabelece que regras administrativas editadas por meio de um processo de regulação informal serão revisadas sob o *teste arbitrário e caprichoso*[2].

---

[1] A expressão abuse of discretion significa a falha do decisor ao proferir uma decisão claramente não razoável, arbitrária, sem tomar em devida consideração os fatos e as leis aplicáveis a um caso particular.
[2] O APA fornece dois tipos de procedimento de elaboração de regras administrativas (rulemaking), formal e informal. O formal requer um procedimento mais elaborado (*Cf.* 5 U.S.C. §§ 556, 557) e o informal é

Nas situações de o teste aferir eventual arbitrariedade e 'capricho' de certos atos, o tribunal que revisa a decisão administrativa deve declará-la ilegal e anulá-la, por meio de técnicas de controle do poder decisório administrativo, para determinar de que forma e com que alcance se realiza esse controle de razoabilidade da decisão de uma agência.

O Secretário Volpe, em resposta à demanda, apresentou pedido de julgamento sumário (*summary judgment*)[3], que foi concedido pela Corte Distrital (*District Court*) e, em recurso de apelação, o Tribunal de Apelação do Sexto Circuito confirmou a decisão da Corte Distrital.

Os demandantes alegaram que o Secretário Volpe violou disposições do APA e do USDOT, entre outras, ao autorizar a construção de uma rodovia interestadual de seis pistas no meio de um parque público de Memphis. Em abril de 1968, Volpe anunciou que concordava com as respectivas autoridades locais de que a rodovia atravessaria o Parque. Posteriormente, em setembro de 1969, o Estado adquiriu o direito de passagem dentro do Parque. Por fim, em novembro de 1969, o Secretário anunciou a aprovação final e o projeto da rodovia. Contudo, nenhum anúncio do Secretário de Transporte foi acompanhado de conclusões factuais (*factual findings*). Volpe e as demais autoridades locais também demandadas apresentaram declarações voluntárias escritas (*affidavits*)[4] na Corte Distrital, indicando que o Secretário tomou a decisão e que esta foi apoiada por eles. Os demandantes prestaram declarações contrárias e buscaram o testemunho de um ex-administrador rodoviário federal.

A Corte Distrital e o Tribunal de Apelação consideraram

---

regido por um pequeno conjunto de procedimentos (*Cf.* 5 U.S.C. § 553).

[3] Summary judgment se trata de um julgamento proferido, com base em uma alegação ou defesa, no qual não existe autêntica matéria de fato, estando o demandante autorizado a ajuizar, exclusivamente, com fundamento em matéria de direito.

[4] *Affidavit* é uma declaração voluntária sobre fatos escritos e jurados pelo declarante perante um servidor público autorizado. No processo judicial norte-americano, uma grande quantidade de evidência é apresentada por meio de declaração, especialmente em questões de julgamento prévio, como moções de julgamento sumário.

que conclusões formais (*formal findings*) não eram obrigatórias e recusaram-se a ordenar a deposição do antigo administrador. Ambas as instâncias judiciais consideraram que as declarações apresentadas não tinham qualquer base para determinar se o Secretário houvera excedido seu poder de autoridade.

A CONTROVÉRSIA JURÍDICA

A controvérsia que envolveu *Overton Park* implicou averiguação, pela SCOTUS, se conclusões formais (*formal findings*) da administração pública eram de observação obrigatória na tomada de decisão administrativa e se foi adequada uma revisão judicial baseada unicamente em declarações (*affidavits*).

Os réus argumentaram, na Corte Distrital, que não era dever do Secretário tomar decisões formais e apresentaram declarações escritas (*affidavits*) especificamente preparadas para apoiar a decisão do Secretário. Além de considerar que a decisão do Secretário não foi arbitrária, tampouco caprichosa, a Corte Distrital negou aos demandantes acesso ao inteiro teor do procedimento administrativo de audiência pública para a construção da I-40 e não acolheu a declaração de uma testemunha que manifestava que a decisão do Secretário fora arbitrária.

A Corte Distrital e o Tribunal de Apelações decidiram que não eram necessárias decisões formais do Secretário e recusaram-se a examinar os processos cognitivos de um decisor administrativo. Admitindo a ampla autoridade do Secretário e a limitada revisão dos tribunais, as cortes entenderam que as declarações apresentadas não continham base para uma determinação de que o Secretário Volpe excedera sua autoridade.

Ambas as instâncias inferiores rejeitaram as alegações dos demandantes, dando total deferência aos atos do Secretário, e consideraram que a falta de publicação da possibilidade de um recurso por escrito no edital de audiência pública foi um erro sanável, sem prejuízo ao processo. Diante dessas decisões, os demandantes recorreram à SCOTUS solicitando a revisão dos julgados e requerendo que não fossem liberados os recursos para a obra.

A DECISÃO

A Suprema Corte dos Estados Unidos, no caso *Overton Park*, interpretou de forma restrita a autoridade do Secretário Federal de Transporte para aprovar o financiamento federal para construção de rodovias através de parques públicos. A decisão foi uma importante declaração no desenvolvimento da relação entre as agências administrativas e os Tribunais. Esta relação tem sido influenciada por várias medidas no intuito de proteger o meio ambiente das consequências indesejáveis de decisões administrativas.

A questão inicialmente enfrentada pela SCOTUS foi averiguar se os demandantes faziam jus à revisão judicial do ato do Secretário de Transporte, com fundamento na Seção 701 do APA, que prevê a revisão judicial de ato de cada autoridade de governo, exceto se existir uma vedação legal de revisão ou se a ação administrativa estiver comprometida com a discrição da agência por lei (*committed to agency discretion by law*).[5] Neste sentido, a SCOTUS não enquadrou a ação do Secretário como *committed to agency discretion*, porque ele tinha *lei para aplicar* (*law to apply*), em vez de um amplo poder discricionário. Para a Suprema Corte, uma agência possui completa discricionariedade somente nos raros casos onde as leis autorizadoras (*enabling act*) são elaboradas em termos tão amplos que, em um caso específico, o tribunal revisor não tem lei para aplicar (*no law to apply*) na revisão judicial de uma decisão administrativa.

No caso, as disposições da Seção 4(f) do USDOT e da Seção 138 do *Federal-Aid Highway Act* eram claras e específicas ao estipular que o Secretário não deveria aprovar um projeto que exigisse o uso de terreno de parque público, salvo se não

---

[5] Diferentemente da primeira exceção (§ 701 (a) (1) do APA), a segunda exceção (§ 701 (a) (2) do APA) não depende de uma intenção do Congresso para sobrepor a regular previsão de revisão judicial, onde a lei autorizadora (*enabling act*) fornece ampla discricionariedade ao decisor administrativo.

houvesse rota alternativa *viável e prudente* e planejamento para minimizar danos ao Parque. A Suprema Corte reconheceu que a clareza de linguagem dessas leis impedia o uso de fundos federais para a construção de rodovias através de parques públicos e que somente nas situações mais incomuns estariam dispensadas. Assim, a SCOTUS entendeu que a revisão era cabível, pois, no caso, não havia indicação clara de uma intenção legislativa para restringir ou proibir a revisão judicial e as alternativas exigidas pela Lei não foram válidas.

Em relação à análise do *standard* de revisão judicial, a SCOTUS reconheceu que, na forma da Seção 706 do APA, a ação da agência deve ser anulada quando for *arbitrária, caprichosa, abuse of discretion ou em desacordo com o Direito* ou quando a ação não cumprir os requisitos legais, procedimentais ou constitucionais. Embora tenha considerado inaplicáveis os *standards* alegados pelos demandantes de *evidência substancial* (§ 706 (2)) e de revisão *de novo* (§ 706 (2) (F)), para determinar que a ação do Secretário foi injustificada devido aos fatos, a SCOTUS pontuou que esses *standards* exigem que o tribunal revisor da ação de agência se envolva em uma investigação substancial.

Para uma revisão judicial minuciosa, investigativa e aprofundada, um *hard look review*, a SCOTUS assentou que a corte revisora primeiro deve analisar se o Secretário agiu no âmbito de sua autoridade. É dizer, cabe ao tribunal revisor aferir se o Secretário interpretou adequadamente sua autoridade de aprovar o uso do terreno do parque restritivamente em situações onde não haja rotas alternativas viáveis. Para auxiliar esse exame cuidadoso (*hard look*) sobre as decisões administrativas, a SCOTUS exigiu que as agências propiciassem aos tribunais revisores um registro administrativo contemporâneo de sua tomada de decisão. Contudo, embora esta investigação sobre os fatos seja cuidadosa, o *standard* final de revisão é limitado, pois o tribunal revisor não tem poderes para substituir o julgamento da agência pelo seu julgamento.

A SCOTUS concordou com a Corte Distrital e com o Tribunal de Apelação quanto ao fato de o Secretário não estar obrigado a elaborar decisões formais (*formal findings*), não obrigatórias na forma da Seção 706 do APA. Porém, a revisão judicial baseada apenas de declarações (*affidavits*) preparadas especificamente para o litígio foi considerada inadequada pela Suprema Corte. Para a SCOTUS, as decisões judiciais das cortes inferiores deveriam ter por base o completo registro administrativo no momento em que o Secretário tomou sua decisão, para possibilitar a determinação de que tivesse excedido sua autoridade para averiguar eventual excesso de autoridade. Neste caso, os registros não instruíam o processo.

Dessa forma, o processo judicial foi devolvido para a Corte Distrital para revisão da decisão do Secretário de Transporte, que deveria realizar audiências sobre o assunto antes da tomada de decisão. Em 1973, o já ex-Secretário de Transporte Volpe, depois de novas audiências, encontrou pelo menos uma alternativa viável e prudente para o percurso da rodovia. Com isso, revisou sua declaração nos lindes do entendimento da SCOTUS.

A IMPORTÂNCIA DO PRECEDENTE

O caso *Overton Park* se tornou um exemplo da utilização dos litígios por movimentos locais para contestação de atos decisórios da administração pública. Exigiu que as agências criassem um registro nos seus procedimentos informais e baseassem suas decisões nesse registro, um requisito aplicado sob o APA somente para elaboração formal de regras e adjudicação administrativas.

A SCOTUS consolidou o entendimento de que Secretário de Transporte somente tinha autoridade para aprovar o uso de fundos federais para a construção de uma rodovia pela área de um parque público se atendidas três condições: (a) comprovação de que não existia uma alternativa viável e prudente; (b) prévia realização de planejamento para minimizar danos causados pela ação governamental; e (c) decisão formalmente fundamentada demonstrando que a mesma não foi *arbitrária e caprichosa*.

A decisão de *Overton Park* promoveu uma nova perspectiva sobre os *standards* de revisão judicial de ações de agência e adequação de conclusões administrativas (*findings*). A SCOTUS impôs um padrão mais aprofundado de revisão judicial do que o previsto no APA, ao estabelecer que os tribunais de revisão usassem um teste de arbitrariedade da Seção 706 (2)(A) para empreender uma revisão *criteriosa e cuidadosa* (*searching and careful*) da decisão da agência em procedimentos administrativos. O caso, também, representou um reconhecimento da preservação do meio ambiente em relação aos demais valores concorrentes nas decisões de rotas rodoviárias.

IMPACTO NO PROCESSO DE DEFERÊNCIA ADMINISTRATIVA

Este caso apontou para requisitos processuais na adjudicação informal que não estão especificados no APA. A SCOTUS foi menos deferente em relação às decisões da agência do que os tribunais inferiores.

Em *Overton Park*, ficou assente a ideia de que as agências devem considerar os fatores tornados relevantes pela legislação. A agência possui autoridade para decidir quais fatores contam como *relevantes*, desde que a legislação seja silente ou ambígua. Contudo, quando as leis são claras no estabelecimento desses fatores, então os tribunais devem aplicar suas disposições, como era a questão relativa às alternativas de rotas.

A SCOTUS considerou também que o controle de arbitrariedade é realizado com fundamento no registro administrativo, tido como fundamental à revisão judicial das decisões administrativas. A decisão da SCOTUS exprimiu uma nova postura diante de ações administrativas, ampliando o papel dos tribunais diante de decisões que antes estavam no âmbito exclusivo do poder decisório administrativo. Ao reverter o julgamento do tribunal inferior e reenviar o caso à Corte Distrital por conta da insuficiência do registro, a Corte passou a discutir detalhadamente sua concepção acerca do modo correto de revisão judicial das ações administrativas, estabelecendo uma delimitação do escopo de autoridade de uma agência.

De acordo com modelo de revisão judicial estabelecido em *Overton Park*, as questões enfrentadas pelas cortes de revisão consistiram em saber se a ação da agência é passível de revisão, se a agência agiu dentro de sua autoridade legal e se a agência agiu de forma arbitrária ou caprichosa. Esse padrão de julgamento, que exigiu uma investigação substancial e profunda de todos os fatores relevantes, conhecido como *hard look doctrine*, contém dois elementos principais. O primeiro é que as decisões das agências devem ser fundadas em registros. Em segundo lugar, a decisão da agência deve ser razoável. Conclui-se, assim, que esse novo padrão de julgamento passou a influenciar uma revisão judicial mais criteriosa dos atos e procedimentos das agências.

O CASO *VERMONT YANKEE* E A DISCRICIONARIEDADE NA DEFINIÇÃO DO DEVIDO PROCESSO ADMINISTRATIVO*

Sérgio Bocayuva Tavares de Oliveira Dias
Vinicius dos Santos Silva

INTRODUÇÃO

O caso *Vermont Yankee* foi julgado em 1978 pela SCOTUS, conforme voto do Justice Renhquist. O julgamento reformou decisão da Corte de Apelação do Distrito de Columbia que acolheu pedido do *National Resources Defence Council* (NRDC) e de grupos ambientalistas para anular a concessão de duas licenças a usinas nucleares e a edição de regra administrativa] sobre os efeitos ambientais do ciclo de urânio combustível. É um marcante precedente sobre os limites da intervenção judicial na definição do devido procedimento administrativo, segundo as previsões do APA (*Administrative Procedural Act*).

O julgamento cuida de 3 (três) pontos distintos (duas licenças concedidas a usinas e a edição de um regulamento pela agência). Este texto se concentrará em examinar os aspectos que discutem a validade do procedimento empregado no rulemaking da agência para a fuel cycle rule, pois é o tema mais relevante como um marco judicial do Estado Administrativo.

FATOS SUBJACENTES À CAUSA

A controvérsia tem origem em licenciamentos ambientais para o funcionamento de usinas geradoras de energia nuclear e a respectiva regulação destinada a tratar do ciclo de urânio combustível, em especial a destinação e reprocessamento de resíduos. Envolve a interpretação do já citado APA, a Lei de Energia Atômica (AEA - *Atomic Energy Act*) e o NEPA (*National Environmental Policy Act*), que disciplina a política ambiental.

---

* Vermont Yankee Nuclear Power Corp. v. NRDC, 435 U.S. 519 (1978).

Depois do deferimento de permissões em favor de *Vermont Yankee*, a *Atomic Energy Comission* (Comissão) expediu um comunicado (*notice of proposed rulemaking*) sobre a possibilidade de alteração da regulação que tratava dos efeitos ambientais do urânio combustível, mediante análise de custo-benefício. Esse comunicado previu duas alternativas que poderiam tratar do assunto, baseadas em estudo (*Environmental Survey of the Nuclear Fuel Cycle*) feito por membros da própria Comissão.

A primeira alternativa sugeria não ser exigível quantificação dos riscos ambientais do reprocessamento ou descarte, pois o estudo feito pela Comissão os considerou leves, ou pouco significativos. A segunda estabelecia valores numéricos para os impactos ambientais, que deveriam então compor uma tabela, juntamente com outros fatores, a fim de subsidiar a análise de custo-benefício diante de cada caso de licença de operação.

A publicação designou audiências (*hearings*) e especificou que o procedimento aplicável seria informal (muitas vezes chamado de *notice-and-comment*) e as audiências conduzidas segundo um *tipo legislativo* (*legislative type*), afastando as regras de adjudicações formais (*Rules for Formal Ajudications*). A escolha desse rito implicou que os interessados (grupos ambientais, especialmente) não puderam fazer perguntas àqueles ouvidos nas audiências e aos próprios funcionários da Comissão que elaboraram os estudos.

O comunicado ressaltou que essa proposta de edição normativa não influenciaria as licenças já concedidas em favor de *Vermont Yankee*, a não ser que fossem modificadas pela regulação subsequente ou por alguma ação específica da Comissão.

Ao final do procedimento previsto para a alteração da regulação, feita a audiência, a Comissão adotou a segunda alternativa mencionada no comunicado, editando a regra objeto de controvérsia (*fuel cycle rule*). Foram rejeitadas teses apresentadas por grupos ambientais contra o procedimento, no sentido de que seria necessário garantir direito de dirigir perguntas aos membros da Comissão que elaboraram os estudos[1]. Também se refutou a alegação de que o estudo utilizado para basear a regra seria insuficiente.

A NRDC e alguns grupos de defesa ambiental impugnaram a nova regra perante a Corte de Apelação, assim como as licenças concedidas a *Vermont Yankee* e *Consumers Power Co*. Os pedidos foram acolhidos para invalidar as licenças e a nova regra administrativa. Em relação ao *rulemaking*, a Corte de Apelação fundamentou a devolução do caso para a agência (*remand*) reconhecendo falhas de natureza procedimental, pontuando também que os registros do processo administrativo não seriam suficientes para basear a edição da regra (há menção a falhas nos registros - *records*). Embora a decisão não tenha especificado com exatidão quais formalidades deveriam ser empregadas e também não tenha assegurado o direito a formular perguntas sobre os estudos que basearam a edição da regra, a Corte de Apelação proferiu considerações abrangentes sobre a necessidade de se estabelecer melhor canal de diálogo com o público em relação à regra sobre o ciclo de urânio combustível.

A CONTROVÉRSIA JURÍDICA

A discussão surge de questionamentos sobre licenciamentos e edição de regulação administrativa sobre tema sensível, relativo à instalação de usinas nucleares. O debate revela o usual inconformismo contra decisões administrativas que autorizam e regulam o desenvolvimento de atividades potencialmente danosas ao meio ambiente.

O julgamento da Corte de Apelação considerou necessário reabrir a discussão do rulemaking para que fossem acrescentados mecanismos aptos a garantir melhor interação nas audiências, entre os particulares e os representantes da agência, com o fim de elucidar questões técnicas envolvendo os

---

[1] As críticas foram concentradas no depoimento do Dr. Pittman (um dos funcionários da agência que elaborou o estudo) por ter sido vago, pouco detalhado em relação ao resíduo e respectivo reprocessamento para assim compor a sugestão do rulemaking. Argumentava-se que essa falha deveria ser corrigida garantindo-se o direito aos interessados lhe dirigirem perguntas para obter esclarecimentos.

estudos ligados às propostas de regulação.

A SCOTUS foi provocada a decidir se o Poder Judiciário poderia impor instrumentos adicionais ao processo administrativo, baseando-se na insuficiência daqueles adotados pelas agências reguladoras.

A DECISÃO

Decidiu-se em favor de *Vermont Yankee* e de *Consumers Power Co.*, em relação às licenças. Também foi reformada a decisão da Corte de Apelação quanto à regra do ciclo de urânio combustível, reconhecendo a validade do rito empregado pela agência no processo de regulamentação (*rulemaking*), mas o caso foi devolvido (*remand*) à Corte de Apelação para que a análise da justificativa da edição da regra fosse melhor definida, à luz dos registros, inclusive da audiência, porém, sem a incursão judicial no sentido de aprimorar os procedimentos utilizados.

O julgamento concluiu que a legislação administrativa (§ 553 do APA) confere discricionariedade às agências reguladoras quanto aos procedimentos necessários para subsidiar sua normatização, não cabendo ao Judiciário estabelecer sua própria noção de devido processo.

Sobre a invalidação da regra do ciclo de combustível, a SCOTUS adentrou no tema enfatizando a dificuldade de identificar as razões definidas pela Corte de Apelação para amparar o julgamento. Ressalvando que essa identificação não estaria livre de qualquer dúvida, clara crítica ao juízo de origem, identificou que a motivação teria sido a inadequação do procedimento adotado para a edição da regra.

A recorrida NRDC dá suporte a esse desfecho, afirmando que a seção 4 APA[2] traria exigência procedimental mínima que

---

[2] O dispositivo que trata de forma direta do procedimento aplicável está assim redigido no item 5, U.S. Code, §553: *(c) after notice required by this section, the agency shall give interested persons an opportunity to participate in the rule making through submission of written data, views, or arguments with or without opportunity for oral presentation. After consideration of the relevant matter presented, the agency shall incorporate in the rules adopted a concise general statement of their basis and purpose.*

poderia ser objeto de acréscimos pelo Poder Judiciário nas situações em que agências tratam de matérias complexas de grande interesse público .

A SCOTUS mencionou julgamentos prévios que apontavam em sentido oposto, como os casos *FCC v. Schreiber*[3] e *FPC v. Transcontinental Gas Pipe Line Corp.*[4], precedentes nos quais houve decisão no sentido de que as agências possuem considerável margem de escolha para definir o procedimento aplicável .

A fundamentação também fez referência ao relatório do Senado Federal (*Senate Report*) sobre as previsões do APA, ligadas ao procedimento informal, indicando que a intenção do Poder Legislativo, ao editar a Lei, foi conceder espaço de escolha para a agência reguladora aprimorar o procedimento administrativo, conforme as necessidades de cada caso. Isso também estaria de acordo com o Manual da Procuradoria Geral (*Attorney General's Manual on the Administrative Procedure Act*) sobre o APA. A SCOTUS realçou que esse manual representa importante fonte de interpretação a ser considerada, em razão do papel desempenhado pelo Departamento de Justiça na edição da legislação em debate (APA) .

Assim, a SCOTUS entendeu que o Congresso, ao editar o APA, garantiu às agências a definição de procedimentos adicionais, de forma que nada indicaria o cabimento de o Poder Judiciário estabelecer um nível pretensamente melhor de processo administrativo .

A propósito, assinalou outras razões para que assim seja interpretada a questão controvertida. Ponderou que, persistindo a lógica da decisão recorrida, haveria falta de previsibilidade com a contínua interferência do Judiciário nos procedimentos adotados pelas agências. Estas, com receio de terem suas decisões revertidas, acabariam incentivadas ou

---

When rules are required by statute to be made on the record after opportunity for an agency hearing, sections 556 and 557 of this title apply instead of this subsection.
[3] FCC v. Schreiber, 381 U.S. 279 (1965)
[4] FPC v. Transcontinental Gas Pipe Line Corp., 365 U.S. 1 (1961).

compelidas a adotar sempre o rito mais extenso, resultando na perda de vantagens dos instrumentos abreviados, como o informal rulemaking.

Relativamente ao argumento de que procedimentos adicionais seriam exigidos pelo NEPA, para além das previsões do APA, conforme sustentado pela recorrida NRDC, a SCOTUS decidiu que nada no NEPA daria suporte ao argumento. Esse ponto da controvérsia foi encerrado com a SCOTUS asseverando que não havia qualquer questionamento de que o procedimento legalmente previsto no §553 do APA foi de fato observado pela Comissão, com a realização de audiência que sequer seria obrigatória, tanto que o relatório aponta a participação de várias entidades e a apresentação de muitos documentos e depoimentos antes da edição da controvertida regra administrativa.

A IMPORTÂNCIA DO PRECEDENTE

O julgamento revela importante padrão de contenção judicial na avaliação dos procedimentos empregados pelas agências na edição da regulação (rulemaking). Os fundamentos consideram de central importância identificar que a legislação confere às agências margem para definir procedimentos, realizar audiências e avaliar se pode ser produtivo utilizar outros mecanismos processuais para basear a edição da regulação seguindo o procedimento informal previsto no APA.

Portanto, sinaliza que a definição do devido processo legal não é, necessariamente, tarefa judicial, nem mesmo em casos envolvendo questões ambientais sensíveis.

A SCOTUS não só confirma caber às agências definir procedimentos para além do que a Lei prevê, como considera a interferência judicial no assunto causadora problemas, como o atraso na avaliação de licenças e acréscimos de custos para os envolvidos. Revela, em certa medida, fundamentos de ordem utilitária ou pragmática, importando-se com possíveis consequências ruins que a revisão judicial pode ocasionar.

Destaca-se que a fundamentação fez referência a duas fontes auxiliares para encontrar a melhor interpretação do

APA: o relatório do Senado sobre o próprio APA e o Manual da Procuradoria Geral. Isso sinaliza que o método interpretativo empregado pela SCOTUS procurou identificar a intenção do legislador sobre a extensão do procedimento a ser empregado pelas agências, razão pela qual comentários a esse julgamento identificam uma abordagem originalista do APA[5].

O precedente também é visto como uma resposta da SCOTUS rejeitando a vertente que à época vinha sendo adotada pela Corte de Apelação do Distrito de Columbia e outras instâncias inferiores, no sentido de que a construção judicial de procedimentos administrativos mais formais seria um instrumento necessário para equilibrar a influência das indústrias na edição da regulação, um tipo de remédio contra a captura[6].

Essa premissa de contenção judicial foi reafirmada mais recentemente pela SCOTUS, no julgamento de Perez v. Mortgage Bankers Ass'n[7], revertendo mais um caso em que a Corte de Apelação fixou procedimentos adicionais que não seriam exigíveis pelo APA.

---

[5] SCALIA, Antonin. Vermont Yankee: The APA, the D.C. Circuit, and the Supreme Court. *The Supreme Court Review* (1978).
[6] MERRILL, Thomas. Capture Theory and the Courts: 1967-1983. *Chi.- Kent L. Rev.*, 1039 (1997).
[7] Perez v. Mortgage Bankers Ass'n, 575 U.S. _ (2015).

AGÊNCIAS REGULADORAS E DECISÕES ARBITRÁRIAS
– O CASO *STATE FARM**

Gianne Lima
Luciana Silveira Ardente

INTRODUÇÃO

Em inúmeras decisões, a partir de 1971, a Suprema Corte (SCOTUS) avaliou os limites de revisão, pelo Poder Judiciário, de atos administrativos de agências administrativas. *State Farm* está inserido numa linha de casos nos quais o Tribunal procurou definir um padrão adequado de revisão judicial da atuação de agências.

Em *Motor Vehicle Manufacturers Association of the United States, Inc. v. State Farm Mutual Automobile Insurance Company*, a SCOTUS avaliou se a National Highway Traffic Safety Administration (NHTSA) agira com arbitrariedade ao revogar um de seus regulamentos (Norma 208), que obrigou a instalação de mecanismos de segurança passivo[1] nos automóveis produzidos no país. Este precedente assentou que uma agência deve sempre articular uma justificativa satisfatória para a prática de seus atos, inclusive para a revogação de normas.

Ao decidir o caso, em 1983, a SCOTUS reafirmou a possibilidade de revisão judicial *hard look* quando (i) as premissas adotadas pela agência na sua decisão, para a revogação da norma, se mostrarem injustificadamente distintos daquelas adotadas pelo Congresso por ocasião da promulgação da lei da qual deriva o regulamento, (ii) houver erro claro de julgamento de aspectos relevantes pela agência, (iii) houver justificativas contrárias aos fatos, ou, ainda, (iv) quando houver decisões administrativas que não apresentem parâmetros racionais

---

* Motor Veh. Mfrs. Ass'n v. State Farm Ins., 463 U.S. 29 (1983).
[1] São dispositivos de proteção cujo funcionamento independe de ação do ocupante. São eficazes, sobretudo, em caso de acidentes inevitáveis, quando não há sequer possibilidade de reação. Compreendem airbags, cintos de segurança fixos, apoios de cabeça nos bancos dianteiros e traseiros, válvulas bloqueadoras de combustível, entre outros.

para a sua manutenção.

OS FATOS SUBJACENTES À CAUSA

Em 1966, o Congresso editou a Lei Nacional de Segurança de Veículos Automotores e de Trânsito, com o propósito expresso de reduzir acidentes de trânsito e o alto número de mortes e lesões deles resultantes. A lei delegava ao Secretário de Transporte o poder de publicar normas de segurança para automóveis que *deveriam ser viáveis, objetivas e atender às necessidades de segurança dos veículos motorizados.*

Esta lei dispõe ainda que Secretário deverá (i) se basear *nos dados relevantes disponíveis sobre segurança de veículos*, (ii) avaliar se a norma proposta é *razoável, praticável e apropriada para o tipo específico de veículo a que se destina*, e, ainda, (iii) analisar *a relevância destas normas para a realização dos propósitos da Lei*. No mais, a Lei autoriza a revisão judicial, sob o *Administrative Procedure Act* (APA), de *quaisquer normas que estabeleçam, modifiquem ou revoguem* um padrão de segurança automotor[2].

Em 1981, a Administração Nacional de Segurança de Tráfego Rodoviário (NHTSA), à qual o Secretário delegou sua autoridade para instituir normas de segurança, revogou a *Norma 208*[3], que, naquele momento, determinava que novos

---

[2] Logo após a administração Reagan assumir a Casa Branca, o Secretário de Transporte Andrew Lewis adotou providências para derrubar a Norma 208 e outras normas consideradas muito burocráticas. Mesmo antes da eleição presidencial de 1980, o candidato Reagan havia prometido derrubar a Norma 208. Durante a campanha em Michigan, Reagan prometeu aos eleitores *encerrar os programas federais de segurança*. Depois de apenas oito dias no cargo, o novo presidente emitiu um memorando, seguido por uma Ordem Executiva que adiou a data de entrada em vigência de todos os regulamentos de maior impacto (*major regulations*) da agência pendentes à época. A NHTSA respondeu à ordem presidencial estendendo os instrumentos de segurança passivas por mais um ano. E então, em 29 de outubro de 1981, a agência rescindiu a norma por completo, nunca mencionando a Ordem Executiva ou o grau em que sua decisão afetaria a indústria automobilística.

[3] A análise completa das versões da Norma 208 não integra os objetivos desse artigo. O desenvolvimento da norma foi classificado pela SCOTUS como *extremamente complexo*, posto que foi objeto de aproximadamente 60

automóveis produzidos após setembro de 1982 deveriam possuir instrumentos ou restrições de segurança passivas (*cintos de segurança automáticos*[4], *airbags*).

Supõe-se que a NHTSA haja revogado a norma, mesmo sabendo que isso descumpriria procedimentos administrativos básicos, motivada pelas pretensões desregulatórias da administração do Presidente Reagan. Formalmente, porém, a agência não apontou razões políticas para a decisão.

Para justificar a revogação, a NHTSA afirmou que não identificava mais, diferentemente de 1977 (ano da inserção da obrigatoriedade de cintos automáticos no texto da Norma 208), que os requerimentos de segurança passiva previstos na norma produziriam benefícios significativos: a NHTSA havia projetado que até 1987 os *airbags* e os *cintos de segurança automáticos* seriam instalados numa parcela significativa de automóveis. Tornou-se aparente, porém, no ano de 1981, que as montadoras planejavam instalar, para 99% dos novos automóveis, *cintos de segurança automáticos*, o que, por um lado, reduziria ou restringiria os benefícios de *airbags*, e, por outro lado, dispensaria a previsão normativa.

Por razão disso, a NHTSA deduziu que não havia mais uma justificativa adequada para afirmar, seguramente, que a Norma 208 aumentaria de maneira relevante o uso de instrumentos passivos. Portanto, na opinião da NHTSA, a norma não seria mais razoável ou adequada.

No julgamento das reclamações, a Corte de Apelações reputou que a rescisão seria *arbitrária e caprichosa*, isto porque, *inter alia*, (i) a afirmação da NHTSA de que não poderia prever seguramente um aumento no uso do cinto seria insuficiente para justificar a revogação; e (ii) a agência é obrigada a apresentar *razões claras e convincentes* para suas

---

propostas de novas regulamentações, audiências, emendas e alterações similares entre os anos de 1969 e 1981. Somado a isso, houve inúmeros ajuizamentos na tentativa de *controlar* sua evolução.

[4] Trata-se de modelo de cintos de segurança que se move automaticamente à posição em torno de um ocupante do veículo quando a porta fecha. Primeiro carro com sistema do gênero registrado na história foi o Toyota Cressida 1981.

ações.

A CONTROVÉRSIA JURÍDICA

A *State Farm* e a Associação Nacional de Seguradoras Independentes questionaram judicialmente a decisão da NHTSA, argumentando que os instrumentos passivos mostraram-se eficazes medidas de segurança e que os benefícios da instalação superaram em muito os custos. State Farm argumentou ainda que, mesmo que a NHTSA considerasse ineficazes os cintos automáticos, a agência errou ao revogar a norma sem considerar a edição de uma emenda que exigisse cintos de segurança de outros modelos.

A NHTSA tentou justificar a revogação afirmando que não havia evidências suficientes da eficácia da norma. Muito embora a NHTSA tenha estimado, originalmente, que 40% dos carros novos possuiriam cintos de segurança, descobriu-se que, por mudanças na política das montadoras, os fabricantes pretendiam instalar o dispositivo em 99% dos carros. Diante de um custo estimado de US$ 1 bilhão para implementação das medidas de segurança, a NHTSA aduziu que a manutenção da regra não seria razoável na ausência de melhores evidências de que os cintos tornavam os veículos mais seguros. A agência também temia que os altos custos da mudança afetassem negativamente a visão do público quanto às regulamentações de segurança.

O Tribunal de Apelações do Circuito de Columbia reconheceu que a revogação da norma falhou no *arbitrary-or-capricious test* por duas razões: primeiro, porque não haveria provas capazes de sustentar a conclusão da NHTSA quanto à impossibilidade de previsão da produção de benefícios; segundo, porque a NHTSA haveria falhado ao não considerar como alternativas à revogação a instalação de cintos de segurança de outros modelos e/ou a manutenção dos airbags.

Em outros termos, a agência não haveria apresentado justificativas suficientes à inexigibilidade de airbags e cintos de segurança automáticos. Se, de acordo com a conclusão da agência, a efetividade dos dispositivos estaria comprometida, exclusivamente, pela ação do usuário, não haveria motivo para revogar a obrigatoriedade de dispositivos que não dependessem dessa ação. Tanto o cinto de segurança automático, quanto os airbags, representariam tecnologias de uso passivo, cuja efetividade independe da participação ativa do motorista ou passageiro.

Finalmente, a controvérsia foi apresentada à SCOTUS: não havia dúvida de que os tribunais poderiam rever uma decisão da agência; isso estava garantido por lei. O questionamento que permaneceu foi se e por qual padrão os tribunais poderiam rever a revogação, por uma agência, de suas próprias normas.

A DECISÃO

Decidiu a SCOTUS que a revogação realizada pela NHTSA do requerimento de instrumentos passivos da Norma 208 havia sido *arbitrária e caprichosa*[5], isto porque a agência não apresentou uma base e justificativa adequadas para revogar o requerimento.

No mais, a SCOTUS alcançou quatro inferências principais:

1. a revogação de uma norma de segurança se sujeita ao mesmo padrão de revisão judicial - o padrão *arbitrário e caprichoso* – que a promulgação da norma, e não se assemelha à mera omissão da agência, notadamente porque a Lei não distingue, para propósitos de revisão, *revogação* de *instituição* de padrões de segurança. No mais, uma agência, ao revogar uma norma, é obrigada a apresentar uma razão adequada. Embora o alcance da revisão judicial sob o padrão *arbitrário e caprichoso* seja restrito e um Tribunal não deva substituir o julgamento da agência pelo seu próprio, a agência deve analisar os dados

---

[5] Normalmente, uma norma de uma agência pode ser reputada *arbitrária e caprichosa se a agência se baseou em fatores que o Congresso não pretendeu considerar, se a agência falhou inteiramente em considerar aspectos relevantes do problema, se a agência ofereceu uma justificativa para a decisão contrária às evidências.* HARRINGTON, Christine; CARTER, Lief. Administrative Law and Politics: Cases and Comments. CQ Press. 5ª edição. 2014.

relevantes e articular uma justificativa satisfatória para sua ação. Em razão disso, ao revisar os motivos da agência, o Tribunal deve avaliar se a decisão se baseou na *consideração dos fatores relevantes e se houve um erro claro de julgamento.*

2. o Tribunal de Apelações afirmou, adequadamente, que o padrão *arbitrário e caprichoso* de revisão judicial se aplica à revogação de regulamentos de agências, mas *errou* ao intensificar a revisão baseada na sua leitura de reações legislativas à Norma 208. Embora a interpretação de um regulamento de uma agência possa ser ratificada pelo legislador, por meio de uma lei que *e.g.* incorpore as normas regulamentares, até mesmo uma ratificação inequívoca do requisito de instrumentos passivos não significaria uma aprovação ou desaprovação prévias da decisão da NHTSA de revogar o requisito. Essa decisão da agência, portanto, permaneceria, ainda que houvesse uma manifestação do Legislativo sobre o regulamento, sujeita ao padrão de revisão *arbitrário e caprichoso*;

3. a primeira razão para reputar que a revogação da Norma 208 da NHTSA seria *arbitrária e caprichosa* é que a agência não avaliou a possibilidade de modificar a Norma para obrigar a utilização do *airbag*. Isto porque o *airbag* é mais do que uma alternativa política ao requisito de instrumentos passivos; é uma alternativa de segurança no âmbito da Norma;

4. a NHTSA descartou muito rapidamente, na sua análise, os benefícios de segurança dos *cintos de segurança automáticos*; sua justificativa para a revogação do requisito de instrumentos passivos não é suficiente para permitir que o Tribunal repute que a revogação é produto de uma decisão informada, isto porque a agência não apontou as diferenças relevantes dos modelos de *cintos de segurança* disponíveis, não articulou adequadamente uma base para não obrigar o uso dos *cintos automáticos* e, portanto, não ofereceu um nexo racional e suficiente de *fatos e inferências* necessários para *passar* no padrão

arbitrário e caprichoso.

A IMPORTÂNCIA DO PRECEDENTE

O caso enriqueceu os debates doutrinários acerca das motivações do administrador público na tomada de decisões aparentemente arbitrárias e caprichosas, principalmente quando são fundamentadas a partir de interesses políticos. O primeiro aspecto a ser considerado é o da revogação de um ato normativo pela autoridade administrativa. Tal medida deve ser submetida aos mesmos critérios analíticos que a promulgação do ato. Isto é, da mesma forma que a promulgação de um ato normativo exige a demonstração de que a autoridade administrativa considerou fatores técnicos e econômicos necessários à tomada de decisão, sua eventual revogação exige fundamentação igualmente suficiente. A agência não pode e não deve, portanto, revogar de maneira injustificada o ato que obriga a instalação de dispositivos de segurança em veículos automotores.

Ademais, a SCOTUS rejeitou sumariamente a alegação da *Motor Vehicle Manufacturers Association of the U.S.* de que o critério adequado à análise da revogação seria o mesmo a ser utilizado em caso de opção da agência pela ausência de regulação. Dito de outro modo, a associação sustentou que o ato de revogar a norma se equiparava à sua não elaboração. Ao recusar a adoção de tal entendimento, a Corte considerou que existem diferenças substanciais entre o julgamento da revogação de uma norma e o julgamento da inércia do regulador. A revogação é, desta forma, uma reversão do entendimento pretérito da agência, enquanto a opção pela ausência de regulação pode ser entendida, propriamente, como a escolha pela concessão de maior autonomia aos agentes regulados ou mesmo como a ausência de fatores justificadores da criação da norma. Por isso, surge para a autoridade administrativa a obrigação de oferecer uma decisão adequadamente fundamentada, na qual estejam contidas as considerações políticas e motivações técnicas que orientaram a decisão pela revogação.

Sequencialmente, há o problema da análise conjunta de

aspectos técnicos distintos. A Corte sinaliza que é preciso avaliar separadamente a revogação: quanto à obrigatoriedade da instalação de *airbags* e quanto à obrigatoriedade de instalação de cintos de segurança automáticos. Depreende-se que, mesmo que a agência apresentasse argumentos suficientes para a revogação da obrigatoriedade da instalação de cintos de segurança automáticos, ainda seria preciso justificar a revogação da obrigatoriedade de instalação de *airbags*. A Corte sublinha, portanto, que, além de não oferecer justificativas suficientes para tornar inexigível quaisquer dos dispositivos mencionados, a agência age irregularmente ao tratar de maneira inseparável o juízo administrativo sobre dois dispositivos de segurança explicitamente distintos.

Outra questão levantada ao discutir a legitimidade da agência é o uso das expectativas do Congresso como critério de análise das decisões administrativas. A SCOTUS repudiou o uso de um dos argumentos presentes na decisão da Corte de Apelação no sentido de que a decisão administrativa deveria corresponder às expectativas do Congresso. As razões para tal repúdio residem no problema constitucional gerado pela criação de ferramentas que permitem ao Congresso o exercício da função legislativa de maneira indireta.

Trata-se de um problema de fácil visualização: se as cortes assumissem a possibilidade de realização do controle judicial das decisões administrativas a partir das expectativas do Congresso, um evidente problema de constrangimento da ação administrativa surgiria. Visto que, ao constituir mecanismo externo ao processo legislativo constitucionalmente previsto, a interpretação judicial das expectativas dos parlamentares expandiria o poder do Congresso e, consequentemente, condicionaria a atividade do administrador ao juízo político e subjetivo do poder legislativo. Ademais, importa ressaltar outro aspecto problemático: a interpretação da expectativa dos parlamentares caberia a terceiro igualmente estranho ao processo administrativo – o Poder Judiciário.

Por último, ao assumir que a agência tem o dever de equilibrar interesses frequentemente distintos - interesses dos agentes privados regulados e dos representantes eleitos – e que, portanto, ostenta em suas decisões um componente político inafastável, torna-se necessário analisar as limitações do aspecto decisional de natureza política.

A decisão pela revogação da obrigação de instalação de dispositivos de segurança foi tomada num contexto marcado por dois fatores políticos relevantes: a crise econômica enfrentada pelos fabricantes de automóveis e a nova administração do Departamento de Transportes, nomeada pelo presidente Reagan.

Numa tentativa de fomento ao setor automobilístico, a revogação da decisão que versava sobre diretrizes de segurança pareceu oportuna. Embora a instalação de cintos de segurança automáticos e de *airbags* fizesse parte de um programa cujo objetivo era tornar o uso de automóveis mais seguro, a elevação dos custos de produção não seria politicamente interessante para a administração de Reagan.

O IMPACTO DA REVISÃO JUDICIAL DAS DECISÕES ARBITRÁRIAS NO PROCESSO DE DEFERÊNCIA ADMINISTRATIVA

Genericamente, as agências defendem que uma decisão administrativa pautada em sua capacidade de decidir com base em parâmetros técnicos não pode ser considerada arbitrária ou caprichosa. Quando há incerteza acerca dos impactos da regulação, o conhecimento técnico da agência torna-se imprescindível para a solução do conflito, o que atribui certa carga de racionalidade à arbitrariedade. Trata-se de um cenário pouco informado, no qual os resultados são imprevisíveis, e, precisamente por sua natureza técnica, a autoridade administrativa seria a maior legitimada para tomar decisões.

Em *State Farm* esta argumentação foi facilmente escusável, pois a revisão judicial expressou claramente a indisposição da agência em buscar em estudos técnicos mais profundos sobre meios alternativos de segurança, sem que a Norma 208 fosse, necessariamente, revogada. A incerteza gerada pela omissão da agência em averiguar os demais resultados possíveis é motivada pela sua escolha de atender aos comandos do Congresso – ou, em última análise, da indústria automobilística. Não se pode reputar racional a decisão da agência que se ampara na incerteza antes de averiguar as demais alternativas.

Apesar de considerado muito deferente, o *arbitrary and capricious test* não torna decisões administrativas imunes ao controle judicial. Decisões de agência que não apresentem parâmetros racionais para a sua manutenção ensejam a revisão judicial, em consonância com o disposto no APA.

Após *State Farm*, com o reforço da revisão judicial do tipo *hard look*, os tribunais passaram a fazer uma análise muito mais cética e investigativa das ações das agências. Críticos do modelo de deferência argumentam que seu uso permite que os juízes imponham suas próprias preferências políticas e dá aos tribunais exagerado poder discricionário de intervenção no processo da agência.

Neste ponto, *State Farm* se distingue da doutrina *Chevron*: ao passo em que o modo de revisão *hard look* de *State Farm* busca determinar o que pode ser definido como uma interpretação razoável, *Chevron* determina que os Tribunais devem ser deferentes às interpretações razoáveis realizadas pelas agências. Explica-se: muito embora existam semelhanças entre *Chevron* e *State Farm*, essas doutrinas, certamente, não se confundem. Enquanto Chevron demonstra maior preocupação com a decisão em si (fim), State Farm emprega grandes esforços no sentido de compreender as justificativas para a decisão (meio).

Chevron assinala que a decisão da agência deve ser submetida a duas questões principais: a primeira, denominada *Chevron Step One*, examina se a lei que autoriza a atuação da agência é ambígua. Identificada a ambiguidade, a agência está autorizada a agir com discricionariedade, optando pela solução que julgar mais adequada. No entanto, isso não significa que a agência possa decidir arbitrariamente. A solução escolhida deve ser, afinal, legalmente permitida. Isto é, deve estar inserida no espectro de soluções extraíveis da interpretação da lei. A agência não pode valer-se da ambiguidade da lei para eleger uma solução absurda. Isso porque, ainda que a lei seja ambígua, a decisão admistrativa deverá ser submetida à segunda principal questão em *Chevron*, denominada *Chevron Step Two*. É nessa etapa que será analisado se a decisão da agência é razoável e atende aos parâmetros esperados pelo Congresso.

Feitas estas considerações, *State Farm* é classificado como um padrão de deferência mais rígido se comparado a *Chevron*. Na falta de provas substanciais ou justificativas adequadas, decisões arbitrárias poderão ser anuladas a partir do *arbitrary-or-capricious test*, ainda que não apresentem nenhum problema do ponto de vista de *Chevron*. É possível, ainda, pensar em *State Farm* como uma etapa posterior a *Chevron Step Two*, como um estágio adicional que amplia o alcance da revisão judicial proposta por *Chevron*.

Isso porque a doutrina *Chevron* limita a revisão judicial à análise da admissão da decisão da agência. Desse modo, *Chevron Step Two* funciona como uma garantia contra interpretações absurdas ou inadequadas. *State Farm*, porém, vai além: para a manutenção da decisão, não basta que esta seja um produto da interpretação adequada da lei, é preciso demonstrar que a agência considerou aspectos e fatos relevantes e que, por isso, é capaz de oferecer uma justificativa racional e exauriente que demonstre que sua ação não foi arbitrária.

Para além das diferenças, há uma intersecção possível entre as duas doutrinas, que deriva do seguinte: ainda na hipótese de leis ambíguas, o desacerto da agência ao classificar a lei como inequívoca (não-ambígua), em *Chevron*, pode indicar que a decisão não resultou de um processo racional, exigido por *State Farm*. Posto que a agência falhou ao não considerar aspectos relevantes e ao não identificar a autorização legal a outras alternativas, é possível inferir que, ao menos em algum nível, não houve ponderação suficiente. Esta ausência de ponderação suficiente pode, por sua vez, sinalizar que não existem parâmetros racionais para a manutenção da decisão.

Por último, vale mencionar outra doutrina que guarda interessantes afinidades com *State Farm*: *Chenery I*. Esse precedente aproxima-se de *State Farm*, sobretudo, na importância dada à consideração das justificativas para manutenção ou anulação da decisão. A doutrina *Chenery I* aduz que, se a agência apresentar uma justificativa ruim para sua decisão, o tribunal a anulará, ainda que a agência pudesse, em tese, ter oferecido uma boa razão para sua decisão. De rigor, essa regra de deferência se aplica mesmo que os advogados da agência ofereçam uma boa justificativa para a decisão regulatória da agência posteriormente, perante Tribunal revisor. Portanto, *Chenery I* e *State Farm* aproximam-se porque, para ambos, atribui-se peso significativo às justificativas oferecidas pela agência na tomada de decisões regulatória.

DOUTRINA *CHEVRON* E UM NOVO EQUILÍBRIO INTERPODORES*

Antonio Sepulveda
Carlos Bolonha
Igor De Lazari

INTRODUÇÃO

A decisão da SCOTUS no caso *Chevron* tanto desenvolveu quanto se distanciou do padrão minimalista de deferência afirmado no precedente *Skidmore*[1]. *Chevron* fundamentalmente alterou o âmbito da doutrina aplicável às interpretações das agências reguladoras. Enquanto que a revisão judicial, em *Skidmore*, é deferente às interpretações levadas a efeito pelas agências reguladoras no tocante aos seus atos autorizadores (*enabling act*), em *Chevron* ocorreu significativa alteração na extensão da revisão. A deferência *Chevron* estabeleceu uma nova alocação de poder entre Cortes e agências reguladoras. Por isso, *Chevron* é reputada uma decisão *evolucionária* e *revolucionária*. É *evolucionária* porque aplicou e refinou um longo histórico jurisprudencial da Suprema Corte que indicava aos tribunais inferiores seus deveres de deferência às interpretações legais razoáveis alcançadas pelas agências reguladoras. Foi *revolucionária* porque suprimiu uma ambiguidade jurídica substancial presente numa série de doutrinas que, no passado, autorizaram tribunais a reverter interpretações das agências. Quando *Chevron* é aplicável, as cortes revisoras não mais avaliam, ao estilo *Skidmore*, se e quanto se deve ser deferente à interpretação administrativa.

---

* Chevron U.S.A., Inc. v. NRDC, 467 U.S. 837 (1984).
[1] Skidmore v. Swift & Co., 323 U.S. 134, 139, 65 S. Ct. 161, 89 L. Ed. 124 (1944).

OS FATOS SUBJACENTES À CAUSA

O caso *Chevron* encerrou um problema comum de Direito Administrativo, a partir de discussões relacionadas à definição de *fonte estacionária* de poluição, nomenclatura bastante relevante nas emendas do Congresso norte-americano ao *Clean Air Act* de 1970.

O Congresso modificou o *Clean Air Act* para enfrentar o descumprimento, em alguns Estados, dos padrões de poluição estabelecidos pela referida regulação. As modificações legislativas impuseram rigorosos requisitos de permissão sobre aqueles que desejassem construir ou modificar uma *significativa fonte estacionária* de poluição de ar nos chamados *Estados descumpridores da regra* (*nonattainment States*). De maneira geral, uma permissão ou licença não poderia ser deferida se poluidores não atendessem a rigorosos requisitos. Motivada por decisão do *D.C. Circuit*, a *Environmental Protection Agency* (EPA) emitiu regra que definiu o conceito de *fonte estacionária* de modo a abranger qualquer peça nova ou modificada de equipamento que emitisse poluentes. No ano seguinte, a EPA revogou essa regra e a substituiu por uma nova que adotou uma definição ampla de instalação (ou planta industrial) para o conceito de *fonte estacionária*. A alteração foi importante, porque a nova definição permitiu que alguém que construísse ou modificasse determiado equipamento em uma instalação se esquivasse do rigoroso processo de permissão ao compensar o aumento na emissão de poluentes, promovida por parte do novo equipamento, com a redução de emissão por parte de qualquer outra fonte da instalação. Isto é, a nova regulação da EPA autorizou que plantas industriais que possuíssem múltiplos dispositivos poluentes instalassem ou modificassem alguma peça dos dispositivos desde que não aumentassem os níveis globais de poluição.

A CONTROVÉRSIA JURÍDICA

O *D.C. Circuit* enfrentou a questão de acordo com a tradicional abordagem *Skidmore*. A Corte reconheceu que o Congresso não houvera definido a expressão *fonte estacionária*. Todavia, concluiu que a definição ampla de instalação, regulamentada pela EPA, era incompatível com o propósito legislativo subjacente às modificações do *Clean Air Act*. Segundo a Corte, o Congresso houvera projetado as modificações para melhorar, ao invés de manter padrões de qualidade inferior alcançados em determinados Estados. A Corte invalidou a nova regra da EPA porque a compensação isentou do processo de permissão a instalação de equipamentos quando o efeito global da planta se mantivesse ao invés de melhorar a qualidade do ar nos *Estados descumpridores da regra*. Notável como a mudança da regra promovida pela EPA apresentou uma pura questão de direito a ser dirimida pela SCOTUS: é válida a definição ampla de instalação (ou planta) para a expressão *fonte estacionária* lançada no *Clean Air Act*?

A DECISÃO

A SCOTUS reverteu a decisão da *D.C. Circuit* por estender, em demasia, seus poderes de revisão. De acordo com os *justices*, a corte de apelação cometeu um *simples erro legal* quando decidiu que a definição ampla de instalação da expressão *fonte estacionária* era incompatível com o propósito congressual de melhorar a qualidade do ar: uma vez que o Congresso não determinou uma específica definição de *fonte estacionária*, a SCOTUS decidiu que a corte de apelação deveria ter sido deferente à nova regra emitida pela EPA, dado que se tratava de *uma razoável interpretação da expressão legal*. Segundo a SCOTUS, cumpriria à agência reguladora definir qual é a definição que melhor se enquadra ao esquema congressual.

Quer dizer, a Suprema Corte afirmou que o D.C. Circuit falhou ao decidir *de novo* a questão após afirmar que o Congresso não possuía uma posição nítida no que se refere à definição de *fonte estacionária*. Para a SCOTUS, o *Circuit* deveria haver inquirido, apenas, se a interpretação da administração poderia ser reputada razoável. Na decisão, os *justices* fixaram duas etapas do processo de análise (Etapa 1 e Etapa 2) e, assim, redefiniram o âmbito de atuação da revisão judicial em relação à interpretação de leis que as agências reguladoras aplicam.

Na Etapa 1, a corte revisora, segundo a SCOTUS, deve determinar se o Congresso se pronunciou diretamente sobre a questão em causa. Nessa fase, a corte revisora deve determinar, ao interpretar o *enabling act*, se o enunciado normativo é claro ou ambíguo. O primeiro passo da corte revisora é decidir se o Congresso expressou inequivocamente seu propósito sobre a exata questão em apreço. Se o Congresso se manifestou inequivocamente, as agências reguladoras devem aderir ao objetivo congressual. Se não há ambiguidade, a corte revisora decide independentemente se a interpretação administrativa é consistente com o claro sentido da lei[2]. Nessa hipótese, a agência não teria discrição para desviar da única interpretação possível. Todavia, se a lei é silente ou ambígua em relação a específico assunto, a corte revisora deve lançar mão da segunda etapa de análise[3].

Na Etapa 2, a questão a ser respondida é a seguinte: a interpretação legal da agência reguladora é aceitável? A razoabilidade norteia a interpretação administrativa? Se a interpretação da corte revisora de um relevante enunciado normativo na Etapa 1 não resulta numa expressão inequívoca da intenção congressual acerca da questão controvertida em causa, a Etapa 2 de *Chevron* requer que a corte revisora determine se a interpretação da agência reguladora é admissível. A corte revisora não precisa concordar com a interpretação da agência para considerá-la admissível.

De acordo com a SCOTUS, a interpretação da agência precisa apenas ser *razoável*, ainda que julgue haver melhor resultado exegético. Valendo-se dos tradicionais critérios hermenêuticos, a corte revisora pode invalidar a interpretação

---

[2] De acordo com as orientações da SCOTUS, as cortes revisoras devem examinar o controvertido enunciado normativo de forma sistemática e não avaliá-lo de forma isolada, sem considerar um contexto legal e regulatório mais amplo. Nessa avaliação, devem considerar um amplo rol de evidências, tais como: a lei, a história legislativa, sentido denotativo e técnico dos termos, os critérios clássicos de interpretação, a importância econômica e política da matéria.

[3] Em Rapanos v. United States, a SCOTUS esclareceu que a clareza textual implica apenas uma única *plausível interpretação*. Logo, um termo legal é ambíguo caso seja suscetível a variadas interpretações. *Cf.* Rapanos v. United States, 547 U.S. 715, 739 (2006).

apenas se verificar que a interpretação da agência reguladora ultrapassa o sentido que a lei pode suportar[4]. Ao contrário da Etapa 1, nesta fase, a agência é livre para escolher qualquer razoável interpretação que se enquadre no esquema congressual.

A Suprema Corte patenteou em *Chevron* que a análise em duplo estágio não seria aplicável a qualquer caso. A SCOTUS limitou a aplicação de *Chevron* às interpretações de leis (*enabling act*) que as agências aplicam. Essa limitação estabeleceu uma pré-condição para a incidência da deferência *Chevron* (Etapa Zero). Notável como algumas matérias (v.g., temas constitucionais) escapam à deferência em questão. Por isso, inclusive, a SCOTUS reconheceu no precedente *United States v. Mead Corp.*[5], que a grande variedade de pronunciamentos das agências impõe diferentes níveis de deferência e que a deferência de menor nível – a deferência Skidmore - possui aplicabilidade permanente (*chevron did nothing to eliminate Skidmore's holding that an agency's interpretation may merit some deference whatever its form, given the 'specialized experience and broader investigations and information' available to the agency* (Skidmore v. Swift & Co., 323 U.S. 134, 139, 65 S. Ct. 161, 89 L. Ed. 124 (1944)).

Nos anos que se seguiram à decisão, a SCOTUS aplicou reiteradamente o precedente e intensificou seu princípio subjacente de deferência.

A IMPORTÂNCIA DO PRECEDENTE

A partir de *Chevron*, as agências reguladoras tornaram-se autorizados intérpretes, dentro dos limites da razoabilidade, de silentes ou ambíguos enunciados normativos. Transferiu-se a autoridade interpretativa das cortes revisoras às agências reguladoras. Isso fez sentido aos *justices* porque a seleção da melhor interpretação de nebulosos enunciados normativos de leis que aplicam é mais uma questão de política do que de Direito. Leis autorizadoras (*enabling acts*) delegam

---

[4] *Cf.* MCI, 512 U.S., p. 229.
[5] 533 U.S. 218, 121 S. Ct. 2164, 150 L. Ed. 2d 292 (2001).

responsabilidades políticas (*policy-making responsabilities*) às agências, e não às cortes, porque administradores, diferentemente de magistrados, são *peritos em campo* e mais responsivos por suas decisões. O regime da deferência *Chevron* baseia-se na premissa de que *federal judges – who have no constituency – have a duty to respect legitimate policy choices made by those who do*. Para alguns teóricos norte-americanos, o princípio da separação dos poderes sai reforçado depois de *Chevron*, pois instrui magistrados a não se intrometerem em controvérsias políticas, que devem ser apropriadamente debatidas nas províncias dos Poderes Legislativo e do Executivo.[6]

Percebe-se que *Chevron* desafia a compreensão clássica do princípio da separação de poderes que atribui ao poder Judiciário a função de declarar o que é o Direito ao decidir casos concretos. *Chevron* evidência que magistrados não são supervisores das agências como um superior é em relação ao seu subordinado. A doutrina *Chevron*, portanto, ameaça o princípio da separação de poderes se compreendido classicamente, tendo em vista que a balança de poder inclina-se em direção ao Poder Executivo.

O IMPACTO NO PROCESSO DE DEFERÊNCIA ADMINISTRATIVA

O caso *Chevron* simplifica a deferência *Skidmore* por limitar o âmbito de ação das cortes revisoras. A doutrina *Chevron* é mais estreita que a *Skidmore*.

Em *Skidmore*, as cortes revisoras ficam livres para alcançar uma interpretação independente de um ato administrativo, ainda que a lei seja silente ou ambígua em relação a uma específica matéria. *Chevron*, por sua vez, requer que as cortes revisoras sejam deferentes a qualquer interpretação razoável alcançada pela agência reguladora. Sob *Chevron*, uma lacuna ou uma ambiguidade do enunciado

---

[6] *Cf.* Chevron, 467 U.S. pp. 865-866: *while agencies not directly accountable to the people, the Chief Executive is, and it is entirely appropriate for this political branch of the Government to make such policy choices resolving the competing interests which Congress itself either inadvertently did not resolve, or intentionally left to be resolved by the agency charged with the administration of the statute in light of everyday realities.*

interpretando credencia a agência a ter deferência das cortes. Sob *Skidmore*, uma agência reguladora recebe deferência judicial caso seja convincente, caso transmita confiabilidade em sua escolha interpretativa.

MAJOR QUESTIONS DOCTRINE E A OPOSIÇÃO A *CHEVRON*

Antonio Sepulveda
Igor De Lazari

INTRODUÇÃO

Apreendem-se da decisão da Suprema Corte norte-americana (SCOTUS), no precedente *Chevron U.S.A., Inc. v. NRDC* (1985), os parâmetros para a revisão judicial de interpretações legais realizadas por agências reguladoras. Estes parâmetros baseiam-se num processo de *dois passos*: sob o *passo um*, o Tribunal deve determinar se a lei sob apreço é ambígua; não sendo, *a discussão acaba*, porque a intenção do Legislativo é nítida. Por outro lado, sendo a lei silente ou ambígua, o Judiciário deve proceder ao *passo dois*, no qual avaliará se a interpretação da agência reguladora é razoável; e sendo razoável, o Tribunal deverá ser deferente à interpretação esposada pela agência.

Há decisões da SCOTUS, porém, que parecem sugerir uma ressalva à aplicação de *Chevron*: a *Doutrina das Grandes Questões* (*ma- jor questions doctrine*), que levam o Tribunal a não ser deferente a uma interpretação da agência sobre dispositivos legais de relevante importância política ou econômica, ainda que os parâmetros do padrão de deferência *Chevron* sejam atendidos.

Para analisar seu alcance e sua natureza, 5 (cinco) decisões são relevantes. São elas: *MCI Telecommunications Corp. v. American Telephone and Telegraph Co.*[1]; *Food and Drug Administration v. Brown & Williamson Tobacco Corp*[2]; *City of Arlington, Texas, v. Federal Communications Commission et. al.*[3];

---

[1] MCI Telecomm. Corp. v. Am. Tel. & Tel. Co., 512 U.S. 218 (1994).
[2] Food & Drug Admin. v. Brown & Williamson Tobacco Corp., 529 U. S. 120_ (2000).
[3] City of Arlington, Tex.v. F.C.C., 569 U.S._ (2013).

Utility Air Regulatory Group v. Environmental Protection Agency[4]; *King v. Burwell*.[5]

OS FATOS SUBJACENTES ÀS CAUSAS

MCI Telecommunications Corp. v. AT&T

Este é o primeiro precedente no qual a SCOTUS invocou a *Major Questions Doctrine*. No intuito de prevenir preços discriminatórios e práticas injustas, estabelece o *Communications Act de 1934* que as *operadoras de telefonia* devem arquivar seus *contratos de prestação de serviço* junto à *Federal Comunnications Comission* (FCC) e praticar as tarifas contratuais em suas operações. Esta lei autoriza a FCC, ainda, a *modificar* a obrigação de arquivamento discricionária e motivadamente. Pautada nesta autorização, a FCC publicou uma série de regulamentos nos anos de 1980 que dispensaram pequenas operadoras da obrigação de arquivamento, preservando a obrigação apenas à AT&T (operadora dominante em longas distâncias), a qual, por razão disso, questionou judicialmente se a FCC poderia interpretar o termo *modificar* (*modify*) de modo a dispensar as outras operadoras de realizar os arquivamentos.

Embora a SCOTUS haja referenciado o precedente *Chevron*, declarou que a interpretação realizada pela FCC somente se justifi caria se realizasse uma alteração *não muito radical* da obrigação de arquivamento. Argumentou-se que o termo *modify* denotava, tanto à época da promulgação do ato quanto da data do julgamento, um significado de alteração moderada. A palavra *modify*, segundo a Corte, transmite noção de limitação ou incremento e não de mudança básica ou fundamental. Disse que *o arquivamento de contratos tarifários é uma característica essencial de uma indústria regulada*, altamente competitiva, e que o arquivamento *foi o meio adotado pelo Congresso para prevenir cobranças irrazoáveis e discriminatórias [e] sempre foi considerada essencial.*

---

[4] Util. Air Regulatory Grp. v. Envtl. Prot. Agency, 573 U.S._(2014).
[5] King v. Burwell, 576 U.S._(2015).

Baseada nisso, a SCOTUS, ressaltando a significativa importância do esquema regulatório das operações de arquivamento, afirmou ser *profundamente improvável que o Congresso deixaria uma determinação do gênero à discrição da agência reguladora* e invalidou a regulamentação da agência.

FDA v. Brown & Williamson Tobacco Corp

Nesta decisão, a SCOTUS avaliou se a *Food and Drug Administration* (FDA) possuía autorização para dispor sobre *produtos de tabaco*. À época, a FDA procurou mitigar a crise de saúde pública que causava a morte de aproximadamente 400.000 norte-americanos por ano. No tocante ao risco à saúde pública causada pelo fumo e contrastando-o à liberdade individual de escolha, a FDA se expressou nos seguintes termos em resposta aos comentários públicos:

> FDA believes that adults should continue to have the freedom to choose whether or not they will use tobacco products. However, because nicotine is addictive, the choice of continuing to smoke, or use smokeless tobacco, may not be truly voluntary. Because abundant evidence shows that nicotine is addictive and that children are not equipped to make a mature choice about using tobacco products, the agency believes children under age 18 must be protected from this addictive substance.[6]

Em 1996, a FDA afirmou, ao interpretar o *Food, Drug and Comestic Act* (FDCA), que a nicotina era uma *droga* viciante (*drug*) e o cigarro um instrumento (*device*) que viabiliza a liberação da nicotina no corpo humano. Por isso, publicou regulamentos que objetivaram limitar o *consumo de tabaco por crianças e adolescentes*. Esta inferência se fundamentou na definição de *droga* atribuída pelo FDCA, a qual inclui *artigos (diferentes de comida) que afetem a estrutura ou qualquer função do corpo humano*. Por se referir a disputa a uma *interpretação de uma lei administrada pela agência*, a revisão da SCOTUS se baseou nos passos um e dois de *Chevron*, havendo afirmado que a deferência à FDA se justificaria, a

---

[6] *Cf.* 61 Fed. Reg. 44,418 (Aug. 28, 1995).

princípio, porque *as responsabilidades para declarar os objetivos de decisões políticas deste gênero não são judiciais*.

Todavia, a SCOTUS sustentou que a aplicação de *Chevron* se pauta noutros princípios: disse que a análise do *passo um* é impactada pela natureza da questão apresentada, isto porque em *casos extraordinários [a Corte não presumirá] que o Congresso pretendeu realizar delegação implícita*. Isto é, afirmou que *Chevron* se baseia *numa delegação implícita*, mas nos *casos extraordinários* os Tribunais deveriam *hesitar antes de concluir que o Congresso pretendeu realizar referida delegação implícita*.

Em seguida, a SCOTUS asseverou que *Brown & Williamson* apresentava referidas *circunstancias excepcionais*, porque a decisão afetava uma porção significativa da *economia americana* e que, por isso, *estava certa de que o Congresso não poderia haver pretendido delegar uma decisão de tamanha significância política e econômica a uma agência de modo tão enigmático*. Sob perspectiva externa, assentou-se ainda que o Congresso promulgou várias leis específicas sobre tabaco e que rejeitou diversos projetos de lei que pretendiam conferir autoridade à agência para regulamentar tal assunto. A Corte reconheceu a importância da matéria, mas derrubou a regulação por julgá-la fora da competência da agência reguladora (*agency's statutory authority*).

City of Arlington, Texas, v. *FCC*

Este precedente, até a decisão de *King v. Burwell,* parecia haver desconstituído a *Major Questions Doctrine*.[7]

De modo geral, as operadoras de telefonia móvel devem obter autorização dos Governos Federal e Estadual para instalar antenas de transmissão. Para acelerar o processo, o Congresso modificou o *Communications Act* de 1934 para o propósito de determinar aos governos locais que analisassem os pedidos de

---

[7] Em City of Arlington, a SCOTUS sustentou que *an agency's interpretation of a statutory ambiguity that concerns the scope of its regulatory authority (that is, its jurisdiction) is entitled to [Chevron] deference. Cf.* City of Arlington, Tex. v. Federal Communications Comission, 133 S. Ct. 1863, 1866, 1868-69 (2013).

autorização *num prazo razoável*.⁸ A despeito da modificação, os processos de autorização ainda assim demoravam e atrasavam profundamente as instalações das antenas. Em 2008, a *Wireless Association* requereu à *Federal Communications Commission* (FCC) que adotasse providências, definindo de maneira precisa os prazos de análise dos pedidos. Por razão disso, atendendo ao pedido da associação, a FCC, no mês de novembro de 2009 estabeleceu, pautada em ampla autoridade, os seguintes prazos: 90 (noventa) dias para modificações das instalações atuais; e 150 (cinto e cinquenta) dias para novas instalações.

Em seguida, os governos locais – *Arlington* e *San Antonio* - arguiram que a FCC não poderia fixar referidos prazos porque, supostamente, a FCC não poderia determinar seus próprios poderes sob o *Communications Act*. Em julgamento, a *U.S. Court of Appeals for the Fifth Circuit* deferiu à FCC e reconheceu a validade do ato. Posteriormente, a SCOTUS assegurou o *certiorari* apenas para definir se a doutrina *Chevron* se aplicaria à questão.

No julgamento de última instância, a SCOTUS afirmou que os Tribunais devem aplicar a doutrina *Chevron* e ser deferentes às interpretações das agências mesmo no que se refere às interpretações acerca de suas próprias prerrogativas.⁹ Disse o Tribunal que não há diferença entre *ambiguidade ordinária* e *ambiguidade jurisdicional*, de modo que, se a interpretação da agência se baseia numa interpretação permissível da lei, os Tribunais devem ser deferentes.

Nesta decisão, a SCOTUS se baseou numa reafirmação ampla das premissas *Chevron*: a inovação normativa é

---

⁸ *Cf.* 47 U.S.C. §332(c)(7)(B)(ii): (ii) A State or local government or instrumentality thereof shall act on any request for authorization to place, construct, or modify personal wireless service facilities within a reasonable period of time after the request is duly filed with such government or instrumentality, taking into account the nature and scope of such request.

⁹ Alegou-se, na oportunidade, que a deferência Chevron se aplica inclusive quando a interpretação da agência define *the scope of its regulatory authority (that is, its jurisdiction)*. *Cf.* 133 S. Ct. 1863, 1866, 1874-75 (2013).

necessária para resolver as ambiguidades legais e é preferível que referida inovação seja realizada por agências que possuem *expertise* do que por juízes. Essas premissas permanecem válidas, segundo o Tribunal, até mesmo quando a interpretação da agência provoca uma mudança relevante no *esquema regulatório*. Portanto, a importância de *City of Arlington* pareceu nítida: a SCOTUS não mais reconheceria, supostamente, a *exceção de major questions* à doutrina *Chevron*.

Todavia, dois recentes julgados parecem haver mudado a orientação assentada neste precedente: *Utility Air Regulatory Group v. Environmental Protection Agency* (2014) e *King v. Burwell* (2015).

Utility Air Regulatory Group v. *Environmental Protection Agency et. al.(2014)*

Resgatou-se, nesta decisão, a *Major Questions Doctrine* após relativo período de latência da doutrina. Ela ofereceu razões à SCOTUS para anular uma interpretação realizada pela *Environmental Protection Agency* (EPA) relativa à regulação de *gases promotores do efeito estufa* (GEE). Este precedente abrangeu uma série de questionamentos apresentados a regulações publicadas pela EPA após a decisão da SCOTUS no precedente *Massachusetts v. EPA*, que reconheceu a possibilidade de regulação de GEE sob a normatização do *Clean Air Act* (CAA).

O *Clean Air Act* (CAA) impõe exigências sobre fontes estacionárias (v.g., fábricas e usinas) emissoras de poluentes a fim de que obtenham autorização governamental de funcionamento.

O Ato declara a ilicitude de construções e modificações de instalações emissoras de grandes volumes (*major emitting facility*) que operem sem a autorização governamental, em qualquer área em que se aplique o programa PSD (*Prevention of Significant Deterioration*). Segundo o Ato, uma instalação emissora de grandes volumes (*major emitting facility*) é uma fonte estacionária com o potencial de emitir 250 (duzentos e cinquenta) toneladas anuais de *any air pollutant* ou 100 (cem) toneladas anuais de determinadas fontes. Uma instalação localizada em área regulada pelo programa PSD deve, entre outras exigências, observar os limites de emissão que reflitam a *melhor tecnologia de controle disponível* (*best available control technology* - BACT) para *cada gás poluente sujeito à regulação do CAA*.

Além disso, o Ato determina, em seu Título V, a ilegalidade de qualquer *grande fonte* (*major source*), em qualquer lugar que se localize, caso esteja funcionando sem autorização. Uma *grande fonte* é uma fonte estacionária com potencial de emitir 100 (cem) toneladas anuais de *any air polluant*.

Em 2007, a SCOTUS decidiu *Massachusetts v. EPA*, afirmando que o *Clear Air Act* autoriza a EPA a regular os gases promotores de efeito estufa (GEE) de veículos automotores se a agência reputar que as emissões daqueles gases podem ameaçar a saúde pública. A decisão do Tribunal levou a EPA a produzir uma série de regulamentos sobre GEE. Na sua *descoberta de ameaça* de 2009, a EPA afirmou que GEE põem em perigo a saúde pública e o bem-estar, contribuindo para a mudança climática global. Por razão disso, a agência asseverou que deveria regulamentar as emissões de novos veículos automotores. Explicou, porém, que a regulação de emissões de GEE por veículos naturalmente levaria à regulamentação de GEE também de fontes estacionárias sob o *Clear Air Act* (*Triggering Rule*).

A EPA, então, promulgou padrões de emissão de GEE para veículos novos motorizados e tornou, por arrastamento, fontes estacionárias sujeitas ao programa PSD e ao Título V do CAA em conformidade com a potencialidade de emissão de gases promotores de efeito estufa. Reconheceu, todavia, que a autorização governamental para todas as fontes emissoras de GEE acima dos limites legais expandiria radicalmente os programas e os tornaria inadministráveis. Percebendo, porém, que uma aplicação literal dos limites legais originários do *Clean Air Act* seria impraticável administrativamente, por abranger um grande número de poluidores, a EPA emitiu uma regulação sistemática elevando o limite de permissão de emissões de dióxido de carbono de 100-250 toneladas por ano para 7.500-10.000 toneladas por ano. A partir dessa majoração, pretendeu-se ajustar os programas para acomodar os GEE, proporcionando, entre outras coisas, que as fontes estacionárias não se tornassem sujeitas ao PSD ou ao Título V ao permitir emitir, com base na potencialidade de emissão, GEE em montantes superiores.

Vários Estados, grupos industriais e organizações sem fins lucrativos apresentaram ações no *Circuit Court of Appeals for the D.C.*, questionando todas as ações relacionadas aos GEE da EPA. O Circuito *DC* concordou com a interpretação realizada pela EPA.

A opinião da maioria formada na SCOTUS, anunciada pelo *Justice* Scalia, começa com uma breve visão geral do *Clean Air Act* e da história da regulamentação de GEE desde *Massachusetts v. EPA*. Em seguida, analisa duas questões: primeiro, se o CAA compeliu ou permitiu a interpretação da EPA acerca da regulamentação de emissões de fontes estacionárias; e, em segundo lugar, se a EPA interpretou razoavelmente a lei para exigir de quaisquer fontes que cumpram os requisitos de permissão para GEE.

No julgamento, a SCOTUS rejeitou a *Triggering Rule* e a interpretação sistemática realizada pela agência que levou à majoração dos limites de poluição permitidos, o que, na prática, reservou à EPA autoridade regulatória sobre 3% das fontes estacionárias, reputadas *reguláveis*.

A Suprema Corte considerou que a legislação não impõe, para obtenção da autorização governamental, quer de acordo com o programa PSD, quer em conformidade com o Título V do CAA, que a autorização se dê somente sobre a potencialidade de emissão de GEE. Em *Massachusetts*, lembrou a Suprema Corte, sustentou-se que o largo conceito de *air pollutant* inclui os GEE, contudo, em relação às normas de autorização do programa PSD e do Título V, a EPA empregou um sentido mais estreito. Segundo a SCOTUS, *Massachusetts* não invalidou consagradas interpretações: *o amplo conceito não é um comando a regular, mas uma descrição de um conjunto de substâncias que a EPA pode considerar*. A presunção de uso consistente clama por diferentes estratégias de implementação e deve se render ao contexto e aos distintos objetos tratados legalmente. De acordo com os *justices*, a EPA tem repetidamente reconhecido que aplicar as exigências de autorização do programa PSD e do Título V aos GEE seria inconsistente com a estrutura e o projeto do CAA, que diz respeito *a um grupo de expressivas fontes capazes de suportar severos encargos substantivos e procedimentais*. Na decisão, esclareceu-se que a EPA carece de autoridade para *ajustar* (*tailor*) inequívocos limites numéricos para acomodar os GEE em sua interpretação inclusiva. A EPA interpretou razoavelmente o CAA ao exigir, de fontes que requeressem autorização governamental, pautada na emissão de gases poluentes convencionais, o cumprimento do BACT para os GEE. O BACT, que tradicionalmente tem sido o último dos controles, pode se revelar fundamentalmente inadequado à regulação de GEE, todavia a aplicação do BACT aos GEE, segundo a SCOTUS, não é *desatrosamente impraticável* e não necessariamente resulta em uma dramática expansão de sua autoridade.

Na decisão majoritária relatada pelo *Justice* Antonin Scalia[10], a SCOTUS, em 2014, afirmou que o precedente não deveria seguir o padrão de deferência *Chevron*: sob o passo um, afirmou-se que
o CAA não apresentava ambiguidade; porém, sob o passo dois, apesar de reconhecer que os limites de deferência de *Chevron* autorizariam a agência a operar nos *limites razoáveis de interpretação*, asseverou-se que a análise da interpretação adequada deve ser realizada *contextualmente*. Disse, ainda, que, quando a agência declara a descoberta, em uma lei já sedimentada, de um poder não anunciado para regular uma porção significativa da economia americana, ou seja, uma *major question*, geralmente saudar o anúncio com uma dose de ceticismo.

---

[10] É conhecida a observação de Scalia que afirmou que a Doutrina das Grandes Questões existe porque se presume que o Congresso *does not... hide elephants in mouseholes. Cf.* Whitman v. Am. Trucking Ass'ns, 531 U.S. 457, 468 (2001).

King v. Burwell

A SCOTUS, neste caso, se recusou a conceder deferência à exegese realizada pelo *Internal Revenue Service* (IRS) que interpretou enunciado normativo do *Affordable Care Act* (ACA), relativo a crédito fiscal vinculado a seguro saúde (*health care tax credits*) (*[insurance] [e]xchange established by a state in the Obamacare statute*). O IRS respondeu brevemente aos argumentos de comentadores à regulação que defendiam que a linguagem lançada no ACA limitava os créditos fiscais conectados ao seguro saúde somente àqueles que se inscreveram no *state exchanges*. Em um simples parágrafo, o IRS asseverou, sem maiores fundamentações, que a linguagem legal suportava a interpretação de que os créditos fiscais também estariam acessíveis às *federal exchanges*. O IRS, na oportunidade, acresceu que a história legislativa *não demonstrou que o Congresso pretendeu limitar o crédito fiscal a state exchanges e concluiu que a interpretação proposta é consistente com a linguagem, o propósito e a estrutura... do ACA como um todo*.[11]

A Suprema Corte argumentou que esse enunciado normativo era de extrema importância para o ACA, por envolver bilhões de dólares e por afetar a cobertura de seguro saúde de milhões de norte-americanos. A tese vencedora enfatizou que: (i) a expressão *[e]xchange established by a state* é crucial para as reformas legislativas atinentes ao Obamacare; (ii) a regulamentação envolve gastos anuais de bilhões de dólares e afeta o preço do seguro saúde de milhões de pessoas; (iii) a questão é de profunda significância econômica e política para o esquema legal do Obamacare, e, por fim, (iv) caso o Congresso desejasse conferir tal prerrogativa à agência reguladora o teria feito de forma expressa. Não à toa que a SCOTUS declarou: *this is not the case for the IRS. It is instead our task to determine the correct reading.*

---

[11] Internal Revenue Service, Health Insurance Premium Tax Credit, Final Rule, 77 Fed. Reg. 30,377, 30,378 (May 23, 2012).

A IMPORTÂNCIA DOS PRECEDENTES

A Doutrina das Grandes Questões assenta que cortes revisoras geralmente não devem ser deferentes às interpretações legais das agências reguladoras que envolvam questões de grande significância econômica ou política (*vast economic or political significance*). Quer dizer, ambiguidades legais que erijam relevantes questões econômicas ou políticas não implicam autorização congressual para que a agência reguladora resolva a questão. Nessa linha, cortes revisoras resolverão as ambiguidades sem conceder qualquer importância ou deferência ao entendimento defendido pela agência reguladora competente.

A Doutrina das Grandes Questões, recentemente invocada em *King v. Burwell*, pretende reforçar a aplicação dos princípios da não delegação e da soberania popular, e restringir o âmbito de aplicação da doutrina *Chevron*. Concomitantemente, assume que o Poder Judiciário (e não as agências reguladoras) é o primário intérprete das relevantes questões relativas aos valores fundamentais implicados na lei e que os servidores das agências reguladoras (tecnocratas) devem somente implementar as escolhas valorativas especificadas pelo Parlamento mediante lei. Uma vez que o *perigo colocado pelo crescimento do poder do Estado Administrativo não pode ser ignorado*[12], a Doutrina das Grandes Questões intenta impor uma proeminente exceção ao principio geral de deferência judicial às interpretações administrativas de ambiguidades legais.[13]

O IMPACTO NO PROCESSO DE DEFERÊNCIA ADMINISTRATIVA

Por razão da deferência concedida pelo Congresso, de boa parte da sua autoridade em favor do Estado Administrativo, Scalia acusou a existência de *uma espécie de congresso universitário junior*. Esta dependência das agências intensificou a quantidade de regulamentos. Para alguns, os desenvolvimentos do Estado Administrativo ressaltam a necessidade de os

---

[12] *Cf.* City of Arlington, Tex. V. F.C.C., 133 S. Ct. 1863, 1879 (2013).
[13] *Cf.* Chevron, U.S.A., Inc. v. Natural Resources Defense Council, 467 U.S. 837 (1984).

Tribunais reafirmarem sua autoridade para analisar o poder das agências - mesmo quando elas pareçam atuar sob o *domínio* do precedente *Chevron*. Para aqueles que defendem a *domesticação* de *Chevron*, a *Major Questions Doctrine* parece ser a solução iterativa para autorizar a revisão judicial da atuação das agências: quando uma ambiguidade normativa institui uma questão política de *significativa importância*, os Tribunais devem limitar a deferência usualmente atribuída às agências, ou, ao menos, questionar se o Congresso realmente desejava que soluções de significativa relevância deveriam ser apresentadas pelas próprias agências reguladoras.

Para outros, a *Major Questions Doctrine* é um princípio indesejado num sistema já normatizado a partir de *Chevron*, que apenas introduz incertezas na aplicação do Direito, no que se refere à atuação das agências reguladoras, principalmente porque é *ilusória* a linha que distingue grandes e não tão grandes questões. A falta de parâmetros claros enseja que em qualquer hipótese a *major question doctrine* possa ser aplicada.

A DEFERÊNCIA *AUER**

Antonio Sepulveda
Roberto Kayat

INTRODUÇÃO

O caso *AUER v. ROBBINS* foi julgado em 1997 pela Suprema Corte norte-americana (SCOTUS). Seu estudo é interessante não somente no âmbito do direito do trabalho mas, sobretudo, na análise da deferência da Corte relativamente à interpretação que a agência reguladora (*Secretary of Labor*) faz acerca de suas próprias regulamentações, já que a causa consistiu, basicamente, em discutir, subjacentemente ao *Fair Labor Standards Act* (*FLSA*), de 1938, em que categoria de trabalhadores seriam enquadráveis os requerentes, o que repercutiria no direito, ou não, ao recebimento de compensações pecuniárias pela prestação de trabalho extraordinário. Serão considerados, aqui, os fatos, a controvérsia jurídica, a decisão tomada, a importância do precedente e o impacto no processo de deferência administrativa.

OS FATOS SUBJACENTES À CAUSA

Os requerentes eram sargentos e um tenente do Departamento de Polícia de St. Louis, os quais demandaram, em 1988, membros do Conselho de Comissários de Polícia da localidade. Objetivavam o pagamento do que, no Brasil, corresponderia, *grosso modo*, ao pagamento de horas extras pela realização de trabalho extraordinário. Fundamentaram sua pretensão no *FLSA*.

---

* Auer v. Robbins, 519 U.S. 452 (1997).

A CONTROVÉRSIA JURÍDICA

Pretendia-se o pagamento de compensação pecuniária pela realização de trabalho extraordinário, com base no § 7º (a)(1) do *FLSA*, 29 U.S.C. § 7º (a) (1). Os requeridos contestaram o pedido, ao argumento de que os requerentes não tinham direito a tal compensação, por se enquadrarem na exceção dada pelo § 213 (a)(1), a qual excluiria do pagamento por trabalho extraordinário servidores executivos, administrativos ou profissionais.

A agência reguladora (*Secretary of Labor*) regulamentara a mencionada exceção do § 213 (a)(1) do *FLSA*, nela abrangendo empregados que recebessem um montante mínimo especificado (*salary-basis*). Servidores executivos, administrativos ou profissionais não teriam direito à compensação por trabalho extraordinário caso abrangidos por tal critério, consubstanciado no recebimento regular de pagamento semanal (ou em período inferior), predeterminado e constitutivo de parte ou do total da remuneração, não *sujeito a* reduções advindas de variações na quantidade ou qualidade do serviço prestado.

Os requerentes aduziram que, nos termos do Manual do Departamento de Polícia de St. Louis, seus ganhos poderiam ser reduzidos em razão de infrações disciplinares relacionadas à quantidade ou qualidade do serviço prestado, de forma que estariam, assim, fora da aludida exceção e tendo, portanto, direito à compensação por trabalho extraordinário. Alegaram ainda que seu trabalho não seria de natureza executiva, administrativa ou profissional.

A questão jurídica, portanto, consistia em saber se os sargentos e o tenente do Departamento de Polícia de St. Louis deveriam ou não ser pagos pela realização de trabalho extraordinário, nos termos do *FLSA*.

A DECISÃO

Iniciando-se o caso na District Court, esta considerou que *todos* os requerentes eram, sim, pagos segundo o critério *salary-basis*. Contudo, relativamente à natureza do trabalho, reputou que a *maioria, mas não todos* os requerentes, realizava trabalho de natureza executiva, administrativa ou profissional.

Na sequência, a *Court of Appeals* confirmou em parte e reverteu parcialmente o julgado, decidindo também no sentido de que *todos* os requerentes eram pagos de acordo com o critério *salary-basis*; mas, diversamente da *District Court*, entendeu que *todos* os requerentes realizavam trabalho de natureza executiva, administrativa ou profissional. Em decorrência, negou o direito ao recebimento de compensação por trabalho extraordinário.

Posteriormente, a SCOTUS concedeu *certiorari*, e o caso foi a julgamento naquele tribunal. O relator designado para o caso foi o *Justice* Antonin Scalia, cujo pronunciamento foi referendado por unanimidade.

No julgado, estabeleceu-se que o *FLSA* concede à *Secretary of Labor* autoridade para definir e delimitar o âmbito da isenção de pagamento por serviço extraordinário para empregados executivos, administrativos e profissionais (§213 (a)(1)). E aquele órgão assim o fez, estatuindo o critério *salary-basis*, pelo qual se requer que o pagamento não seja *sujeito a reduções com base em variações na qualidade ou quantidade do trabalho realizado*. Enquadrando-se em tal critério, o empregado não tem direito ao pagamento por serviço extraordinário.

Pontuou ainda a Corte que, em 1974, o Congresso estendera a aplicação da *FLSA* a todos os servidores do setor público; e, em 1985, a SCOTUS considerara que tal extensão era consistente com a 10ª Emenda (*Garcia v. San Antonio Metropolitan Transit Authority*).

Os requeridos não levantaram objeções à aplicação da *FLSA* ao setor público, e nem ao critério *salary-basis*. Mas argumentaram que considerar deduções salariais oriundas de punição disciplinar, para efeitos de aplicação do critério *salary-basis* (e em decorrência garantir a compensação por serviço extraordinário) seria algo inválido para o setor público, por se tratar de uma interpretação não razoável da regra, e que a *Secretary of Labor* falhara ao não fazer tal distinção. No setor público, aduziram, poucas alternativas disciplinares estariam disponíveis. Mencionaram ainda os requeridos a natureza *quase-militari* da força policial, sendo então necessário garantir o uso de todas as ferramentas disciplinares disponíveis para a manutenção do controle e da disciplina, inclusive a dedução no pagamento (sem repercussão disso no pagamento por serviço extraordinário). A SCOTUS, contudo, não considerou estar suficientemente claro que somente a dedução salarial, e não outra forma de punição, teria o efeito pretendido no tocante ao controle e à disciplina da Força.

Nesse ponto formula-se a indagação que se revelará decisiva no julgamento: até que ponto o servidor está, de fato, *sujeito à* dedução salarial disciplinar quando existente a possibilidade *teórica* de tal dedução? Em outras palavras: o empregado está, na prática, realmente *sujeito a* tal dedução? Os requerentes argumentaram que o Manual do Departamento de Polícia sujeita nominalmente todos os servidores à dedução salarial disciplinar, e que, no departamento, um sargento estaria sofrendo tal tipo de punição. Assim, concluem que estariam, sim, *sujeitos à* dedução salarial disciplinar.

No entanto, a *Court of Appeals* rejeitara tal entendimento, ao considerar que a mera possibilidade teórica da dedução, sem uma prática administrativa nesse sentido, não afasta o *status* salarial dos servidores em questão, que, portanto, não teriam direito à compensação salarial por serviço extraordinário. Para aquela Corte, o episódio do sargento punido com a dedução revelou-se único, e sob circunstâncias bem peculiares (o sargento tinha violado uma regra de residência, e *concordou* com a dedução salarial como alternativa à sua demissão).

No âmbito da SCOTUS, a *Secretary of Labor*, em um *amicus brief*, esclarece que interpreta o critério *salary-basis* no sentido de negar o *status* de isento de pagamento por serviço extraordinário aos servidores abraçados por uma política que permite deduções disciplinares no pagamento como uma prática. Vale dizer, teriam direito ao pagamento, nesse caso. Ainda segundo a *Secretary of Labor*, esse padrão é cumprido quando existe uma prática *real* de fazer tais deduções, ou uma política de trabalho a criar *probabilidade significativa* disso. Tal proceder, explica a agência, visa evitar uma gama muito grande de pagamento de serviço extraordinário em situações de política de emprego vagas, não específicas e aplicáveis indistintamente a todo pessoal.

Como o critério *salary-basis* é uma criação da *Secretary of Labor*, a SCOTUS adotou, no caso, uma postura deferente, prestigiando a interpretação da agência, a qual somente seria de ser afastada, segundo o tribunal, em caso de erro claro ou inconsistência com a legislação[1]. A expressão *sujeito à* dedução salarial é, para a Corte, condizente com a abordagem da *Secretary of Labor*. Interessante notar que a SCOTUS procedeu mesmo a uma interpretação literal ou gramatical da expressão *sujeito à*, inclusive trazendo à colação definições contidas em dicionários. Portanto, para os *Justices*, a postura da Secretaria revela-se perfeitamente razoável, seja porque o Manual do Departamento de Polícia é regra genérica, de aplicação indistinta a todo o departamento; seja porque o Manual não especifica se as deduções de pagamento são uma forma antecipada de punição *para servidores na categoria dos requerentes*. Como o Manual não deixa isso claro, e há servidores outros, no Departamento, que inquestionavelmente *não* são pagos segundo o critério *salary-basis*, fica a dúvida no sentido de que a dedução salarial prevista somente se aplicaria a esses últimos, não aos requerentes. Não há nada no Manual que permita vislumbrar uma probabilidade de aplicação dessa sanção salarial para os cargos dos demandantes, sendo certo que o caso único e *sui generis* do sargento assim punido não permite, *de per si*, concluir por tal probabilidade.

Os requerentes ainda levantaram objeções à interpretação da Secretaria, seja por ter vindo sob a forma de um *legal brief*, seja por violação à regra no sentido de que isenções de pagamento previstas no *FLSA* devem ser restritivamente interpretadas, e contra o empregador. Tais argumentos não foram aceitos pela Corte, por não haver nada que levasse a crer que o *brief* não fosse a justa e fundamentada visão do órgão acerca da questão sob exame. E porque a regra de interpretação restrita contra o empregador se dirige à interpretação judicial, e não à Secretaria.

---

[1] Robertson v. Methow Valley Citizens Council, 490 U. S. 332, 359 (1989); Bowles v. Seminole Rock & Sand Co., 325 U. S. 410, 414 (1945).

Assim, por unanimidade, a SCOTUS confirmou o julgamento da *Court of Appeals*, no sentido de que todos os requerentes enquadravam-se no critério *salary-basis*, e todos realizavam trabalho de natureza executiva, administrativa ou profissional, negando, por conseguinte, direito ao recebimento de compensação por trabalho extraordinário.

A IMPORTÂNCIA DO PRECEDENTE

Estabeleceu-se, aqui, precedente referido como a *deferência de Auer*, consubstanciada em um alto nível de deferência da Corte à interpretação que as agências realizam acerca de suas próprias criações regulamentadoras, sendo tal deferência justificada nos casos em que a linguagem utilizada se revelar ambígua (excetuadas situações de erro claro ou inconsistência com a própria regulamentação).

Tradicionalmente, as Cortes de revisão nos Estados Unidos dão maior deferência à interpretação de uma agência acerca de suas próprias criações regulamentadoras do que à intepretação desta agência acerca de seu estatuto constitutivo. A *deferência de Auer*, na esteira da anterior *deferência de Seminole Rock*, seguiu e reforçou tal padrão, ao dispor que, sendo o critério *salary-basis* uma criação da própria *Secretary of Labor*, a intepretação desse critério pelo órgão é mandatória e deve ser prestigiada, salvo, repita-se, erro claro ou inconsistência com a regulamentação. Desde *Seminole Rock* presume-se que o estatuto constitutivo da agência reguladora delega ao órgão autoridade interpretativa acerca de suas criações regulatórias, sendo tal poder necessário, complementar, acessório e mesmo desejável, na medida em que as agências estariam em melhor posição para estatuir o propósito das regras por elas mesmas criadas. Inclusive porque tais órgãos lidam com uma gama muito ampla de problemas e situações quando da aplicação daquelas regras, o que resulta numa *expertise* única. A *deferência de Auer* intensificou sobremaneira tal postura, a ponto de a deferência das Cortes à intepretação das agências acerca de suas próprias regras, originalmente nomeada *deferência de Seminole Rock*, passar a ser conhecida como *deferência de Auer*.

Embora alguns *justices* da SCOTUS já manifestaram, numa série de julgamentos[2], a necessidade de reconsideração da doutrina, a SCOTUS afirmou recentemente, no julgamento de *Kisor v. Wilkie*[3], que não houve superação das doutrinas *Auer* e *Seminole*.

O IMPACTO NO PROCESSO DE DEFERÊNCIA ADMINISTRATIVA

A *deferência de Auer* apresenta distinção formal relativamente à *deferência de Chevron*[4]. Enquanto *Auer* traz a deferência das Cortes relativamente à intepretação da agência reguladora no tocante às suas próprias criações regulatórias, *Chevron*, por sua vez, veicula deferência à intepretação legal esposada pela agência. Contudo, as duas formas de deferência têm se mostrado similares[5]. Na prática, a deferência de *Auer* é a deferência de *Chevron* aplicada às regulamentações, e não aos estatutos, às leis. Outro ponto em comum é no sentido de que o dispositivo normativo em causa seja ambíguo[6]. Algumas *Courts of Appeals* descrevem a *deferência de Auer* como algo a conceder mais margem interpretativa às agências do que a *deferência de Chevron*; contudo, muitos sustentam que os dois precedentes essencialmente conferiram às agências o poder de adotar qualquer intepretação, desde que razoável.

Este poder conferido às agências em *Auer* mostrou-se passível de críticas posteriormente. Chama atenção pronunciamento do próprio Relator daquele unânime julgado, o hoje falecido *Justice* Antonin Scalia, que se mostrou em dúvida acerca da validade da *deferência de Auer*, e receptivo a uma

---

[2] Mortgage Bankers, 575 U. S., at ___-___ Decker, 568 U. S.; Talk America, Inc. v. Michigan Bell Telephone Co., 564 U. S. 50, 68–69 (2011); Christopher v. SmithKline Beecham Corp., 567 U. S. ___, ___-___ (2012).
[3] Nele o requerente, James Kisor, pleiteia, diretamente, a revogação da doutrina *Auer*.
[4] Chevron U.S.A., Inc. v. Natural Resources Defense Council, Inc., 468 U.S. 837 (1984).
[5] Decker v. Northwest Environmental Defense Center, _U.S._ 133 S. Ct. 1326, 1339 (2013).
[6] Christiensen v. Harris County, 529 U. S. 576, 588 (2000)

eventual reconsideração[7]. Para Scalia, a *deferência de Chevron* prestigia valores atinentes à separação de poderes, enquanto a *deferência de Auer* mina tais valores. De acordo com o *Justice*, quando o Congresso estabelece uma lei imprecisa, delegando a uma agência sua implementação, perde o controle sobre tal implementação, a menos que, posteriormente, aja através de uma legislação mais específica. Prossegue Scalia: quando uma agência reguladora promulga uma regra imprecisa, confere a si mesma não somente a implementação da regra como também a determinação inicial do significado da regra, sendo, a princípio, contrário à separação de poderes permitir que quem que promulga a norma também a interprete. Na visão de Scalia, a *deferência de Auer* criara um incentivo perverso para as agências engajarem-se na produção de normas vagas, a concedera tais órgãos, posteriormente, o poder de agirem a seu bel-prazer. Como resultado, a publicidade e a previsibilidade das regras restam prejudicadas, abrindo-se espaço para o governo arbitrário. Por outro lado, admite o *Justice* algumas vantagens advindas de *Auer*, como facilitar o trabalho de revisão das Cortes e conferir certeza e previsibilidade ao processo administrativo.

Por sua vez, o *Justice* Clarence Thomas sustenta dois defeitos constitucionais em *Auer*: representa uma transferência da função jurisdicional para o Poder Executivo; e erode a obrigação do Judiciário no sentido de checar os poderes políticos, em especial o Executivo[8].

Em defesa da *deferência de Auer*, por outro lado, aduz-se, na linha da decisão acima colacionada, que as agências são particularmente qualificadas para estabelecer os significados de suas próprias regulamentações, possuindo mais *expertise* e *accountability* para tanto do que o Judiciário ou o Legislativo, consubstanciando-se tal realidade em um motivo razoável para que o Congresso permita ambiguidades nos textos normativos, a serem posteriormente dirimidas pelas agências.

Mencionam ainda os entusiastas de *Auer* não ser verdade

---

[7] Talk America Inc. v. Michingan Bell Telephone Co. _U. S._ 131 S. Ct. 2254, 2266 (2011)
[8] Perez v. Mortgage Bankers Ass'n, 135 S. Ct. 1199, 1217 (2015)

que o precedente inspiraria as agências a, deliberadamente, criar regulações vagas, de modo a aumentar seu próprio poder de criar posteriores interpretações. Sustentam que estudos empíricos demonstram que as agências criam regulações próprias com base na autorização expressa posta no *Administrative Procedure Act*, e não propriamente em razão do julgado em *Auer*. Nesse particular, ataques ao precedente, com base no princípio da separação de poderes, em verdade configurariam oposição à constitucionalidade do crescimento do chamado *administrative state*. Com o advento do Presidente Donald Trump, e em razão da posse de seu indicado, Neil Gorsuch, como *Justice*, no âmbito da SCOTUS, tal discussão poderá, futuramente, ganhar força na Corte, uma vez que Gorsuch é um crítico da *deferência de Chevron*[9]. Mas o fato é que a motivação política do Governo Trump, no sentido de restringir a autoridade das agências e diminuir a regulamentação, pode, paradoxalmente, ser beneficiada pela *deferência de Auer*, na medida em que esta significa deferência à interpretação das agências, *seja esta uma intepretação restritiva ou liberalizante no tocante à atividade econômica*. Exemplificativamente, em dois casos[10], a SCOTUS empregou o precedente formado em *Auer* validando intepretações de agência que derrotavam reivindicações em prol do meio ambiente.

---

[9] Gutierrez-Brizuela v. Lynch, 834 F.3d 1142, 1149 (10th Cir. 2016)
[10] Coeur Alaska v. Southeast Alaska Conservation Council, 128 S. Ct. 2458 (2009); Decker v. Northwest Environmental Defense Council, 133 S. Ct. 1326 (2013)

UNITED STATES v. *MEAD CORP.*: A DEFERÊNCIA JUDICIAL AOS ATOS ADMINISTRATIVOS SEM FORÇA DE LEI*

Eurico Moreira da Silva Junior
Carolina Almeida Barbosa

INTRODUÇÃO

A Suprema Corte dos Estados Unidos (SCOTUS) julgou, em 2001, o caso *United States v. Mead Corp.*, cuja controvérsia versou sobre os limites do poder regulador do Serviço de Aduana norte-americano (*U. S. Customs Service*) relativamente à mudança de classificação tarifária dos produtos importados pela *Mead Corporation*. O âmbito da revisão judicial frente à ação da agência foi analisado a partir dos precedentes *Chevron*[1] e *Skidmore*[2], com a utilização do critério da *força de lei*. Em face disso, o precedente construído em *Mead* demonstrou ser necessário que tribunais investiguem se as delegações congressuais conferem autoridade à agência para estabelecer regras com força de lei.

OS FATOS SUBJACENTES À CAUSA

A *Harmonized Tariff Schedule of the United States* (HTSUS)[3] autorizava o Serviço de Aduana dos Estados Unidos a classificar e fixar a alíquota do imposto sobre as importações, de acordo com as normas e regulamentos emitidos pelo Secretário do Tesouro. Incumbia ao Secretário do Serviço de Aduana expedir regras tarifárias (*tariff ruling*) antes da entrada

---

* United States v. Mead Corp., 533 U.S. 218 (2001).
[1] Chevron, U.S.A., Inc. v. National Resources Defense Council, Inc – 467 U.S. 837 (1984).
[2] Skidmore v. Swift & Co., 323 U.S. 134, 139, 65 S. Ct. 161, 89 L. Ed. 124 (1944).
[3] Tabela do Sistema Harmonizado Norte-Americano (HTS) vigente em 1989.

de mercadorias em território norte-americano por meio de decisões escritas (*ruling letters*)⁴, que estabelecem classificações tarifárias para importações específicas.

A *Mead Corporation* importava *agendas* na forma de fichários e a classificação fiscal para o produto por ela importado apontava para o item 4820.10 da HTSUS, relativo a livros, cadernos, diários e produtos similares, que se subdividia na posição *diários, cadernos e catálogos de endereços, encadernados*, sujeitos ao imposto de importação à alíquota de 4%, e na posição *outros*, isentos de tributação.

De 1989 a 1993, o Serviço de Aduana classificou as agendas na posição *outros*. Depois desse período, os postos aduaneiros passaram a aplicar uma nova classificação aduaneira (*ruling letter*) emitida pelo Escritório Sede do Serviço de Aduana. Como a decisão não trazia a justificativa da alteração na classificação tarifária, a *Mead* interpôs recurso que, após a análise, resultou na edição de uma nova regra, cuidadosamente fundamentada, mas não publicada, que prescrevia o mesmo que a regra anterior: as agendas deveriam ser tributadas dali em diante.

O Serviço de Aduana fundamentou a tributação no sentido léxico que o verbete *diário* tinha no *Oxford English Dictionary* e, assim, as agendas que eram consideradas *outros* foram reclassificadas para *diários, cadernos e catálogos de endereços, encadernados*. Após o julgamento do segundo recurso, igualmente rejeitado pelo Serviço de Aduana, *Mead* apresentou uma petição ao Tribunal de Comércio Internacional (*United States Court of International Trade* - CIT), que aceitou o pedido do Governo Americano para julgamento sumário. A decisão do CIT usou o mesmo raciocínio desenvolvido pelo Serviço de Aduana sem abordar o problema da deferência.

Inconformada, *Mead* recorreu perante o Tribunal de Apelações do Circuito Federal (*Federal Circuit*) dos Estados

---

[4] Determination letter ou ruling letter é uma decisão escrita emitida pela Internal Revenue Service (Receita Federal norte-americana) em resposta a uma consulta de contribuinte, na qual é dada uma orientação sobre o significado de matéria tributária. Representa uma decisão formal, geralmente em resposta a uma consulta, contendo o entendimento sobre a lei que se aplica a um caso particular.

Unidos. Neste ínterim, a SCOTUS julgou o caso *United States v. Haggar Apparel Co.*[5], no qual estabeleceu que as regulações aduaneiras mereceriam a deferência *Chevron*. Requerido pelo Tribunal a se manifestar sobre o impacto do caso *Haggar*, o Governo Americano alegou que as regras de classificação tarifária, como as regulações aduaneiras, faziam jus à deferência *Chevron*. No entanto, o Tribunal de Apelações reverteu a decisão do CIT e considerou que as regras de classificação aduaneira não mereciam a deferência *Chevron* devido à diferente natureza das regulações administrativas em relação a *Haggar*. As regras de classificação tarifária seriam menos propensas à deferência do que as regras interpretativas expedidas pelo *Internal Revenue Service* (IRS) por não serem precedidas de consulta pública (*notice-and-comment*)[6], conforme estatuído pelo *Administrative Procedure Act* (APA). Na decisão, foi destacado que, ao contrário das regras interpretativas da *IRS*, que possuem efeito generalizante, as classificações tarifárias não estariam aptas a estabelecer os direitos e as obrigações dos importadores além do caso específico em análise.

Desta forma, o Tribunal de Apelações não foi deferente à classificação tarifária, rejeitando as razões apresentadas pelo Serviço de Aduana ao argumento de que esvaziar uma subcategoria isenta de tributação, classificando todas as mercadorias em outra subcategoria, tornaria inútil a distinção feita pelo legislador, o que não deveria ser permitido. O caso foi direcionado, então, para a Suprema Corte dos Estados Unidos, que acolheu o pedido e avocou a questão.

A CONTROVÉRSIA JURÍDICA

A controvérsia que a Suprema Corte deveria decidir era se uma classificação tarifária produzida pelo Serviço de Aduana dos Estados Unidos merecia ou não a deferência *Chevron*. O julgamento, referenciado nos precedentes *Chevron* e *Skidmore*,

---

[5] United States v. Haggar Apparel Co., 526 U. S. 380 (1999).
[6] A formulação de regras de consulta pública (notice-and-comment) é um procedimento de criação de regras sob o qual uma regra proposta é publicada e está aberta para comentários pelo público em geral.

foi pautado na investigação da existência de uma delegação ou indício de delegação pelo Congresso da sua autoridade para estabelecer regras com força de lei que restringissem o exercício de direitos, ou ampliassem o cumprimento de deveres. As decisões anteriores apontavam caminhos distintos. A doutrina *Chevron* estabelece que os tribunais devem ser deferentes às interpretações feitas pela agência de um enunciado normativo ambíguo, de maneira a evitar interpretações alternativas por uma questão de segurança jurídica, caso a interpretação da agência seja razoável e haja indicativo de delegação de autoridade pelo Congresso. A doutrina *Skidmore*, por sua vez, exige que os tribunais, ao considerarem as interpretações de mesma natureza, avaliem tais interpretações como um entre outros diversos fatores que podem determinar o resultado do caso, ou seja, que atribuam um caráter persuasivo a essas interpretações.

Com base nesses precedentes, a interpretação administrativa de um estatuto específico teria validade para a deferência *Chevron* quando aparentasse que o Congresso delegou autoridade à agência para tomar decisões em geral que possuíssem força da lei, e que a interpretação administrativa que reivindicasse a deferência foi promovida no exercício dessa autoridade. Em *Skidmore*, no entanto, a decisão administrativa seria qualificável para reivindicar a deferência de acordo com sua persuasão.

Assim, resta indagar se as regras aduaneiras do tipo *ruling letters*, expedidas pelo Serviço de Aduana e aplicadas pelos postos aduaneiros no exercício de suas funções legais, estariam incluídas no rol dos atos administrativos que merecem deferência *Chevron* pelo Poder Judiciário.

A DECISÃO

A Suprema Corte dos EUA considerou que a questão consistia em investigar se uma decisão de classificação tarifária (*ruling letters*) do Serviço de Aduana merecia deferência judicial, destacando que a Corte de Apelação rejeitou a tese da agência de que a classificação tarifária estaria no âmbito da deferência *Chevron*. Nestes termos, a SCOTUS decidiu que esse tipo regulação administrativa não motiva a aplicação da deferência *Chevron*, por não haver qualquer indicação de que o Congresso quisesse atribuir autoridade à agência para estabelecer regras com força de lei, ou poder normativo, no que tange à classificação aduaneira, embora o padrão *Skidmore* pudesse ser usado para justificar o uso da decisão administrativa como fonte do direito em função da persuasão que pudesse exercer.

Foi destacado que, ao deixar explicitamente uma lacuna na lei para preenchimento pela agência, o Congresso concedeu uma delegação expressa de autoridade que suscita a deferência. A regulação da lei específica se dá através de uma regra que é vinculativa, cabendo ao Judiciário intervir somente quando o ato administrativo de regular é processualmente defeituoso, arbitrário, caprichoso em sua substância ou manifestamente contrário ao disposto na lei.

A Corte apontou também que a ausência de tal delegação não implica, necessariamente, a não deferência. As agências encarregadas de executar uma lei específica podem influenciar os tribunais com suas escolhas interpretativas e razões, não de forma vinculante, mas em função das escolhas já feitas e seus impactos sobre a matéria em litígio. Nesses casos, o peso atribuído pelos tribunais ao juízo administrativo dependerá do rigor utilizado em sua consideração, da validade do raciocínio desenvolvido, da consistência entre seus pronunciamentos ao longo do tempo e de todos os fatores que podem conferir um poder de persuadir como no caso *Skidmore*.

Para a SCOTUS, a decisão em *Chevron* não implicou a superação do entendimento em *Skidmore*, apenas identificou uma razão adicional (mais forte) para a deferência judicial, reconhecendo que o Congresso poderia realizar uma delegação implícita à agência ao autorizar seu envolvimento no processo de regulação e adjudicação administrativa.

Como em *Mead*, a SCOTUS não percebeu qualquer intenção do Congresso em delegar autoridade ao Serviço de Aduana para elaborar atos com força de lei. Tampouco vislumbrou, na prática da agência, a pretensão de regular a classificação tarifária (*ruling letters*) nestes termos, o que implicaria o recurso às consultas públicas (procedimento de *notice-and-comment*). Concluiu que as regras de classificação aduaneiras seriam mais bem tratadas como *interpretações contidas nas declarações de políticas, manuais de agência e diretrizes de execução*, nos termos do caso *Christensen*[7] e, portanto, fora do âmbito da doutrina *Chevron*.

No entanto, a SCOTUS afastou o entendimento do Tribunal de Apelações no sentido de que a classificação aduaneira não mereceria deferência, afirmando que *Chevron* não suprimiu o precedente *Skidmore*, sendo possível que qualquer interpretação de uma agência mereça (algum grau de) deferência, em virtude da *experiência especializada e investigações e informações mais amplas*. Com isso, estabeleceu que a decisão de classificação aduaneira em *Mead* não é válida para a deferência *Chevron*, mas merece alguma deferência nos termos de *Skidmore*, porque o esquema regulatório é altamente detalhado e a Aduana pode agregar sua experiência especializada e informações mais amplas para decidir.

A SCOTUS concluiu que a decisão administrativa (*ruling*) não estava qualificada à deferência *Chevron* e que *Skidmore* fornecia a estrutura adequada. O cerne do julgamento foi a ideia de que *Chevron* se aplica quando a situação aparentar que o Congresso delegou autoridade à agência para, de modo geral, tomar decisões que possuam força da lei e que a interpretação da agência é praticada no exercício dessa autoridade.

A IMPORTÂNCIA DO PRECEDENTE

Ao restringir a aplicação da deferência *Chevron* às ações de agência amparadas de *força da lei* segundo a autoridade delegada pelo Congresso, a SCOTUS deslocou outras ações da agência, como adjudicações mais informais, para a menos deferente revisão *Skidmore*.

Antes do caso *Mead*, o dever de atribuir peso às regras elaboradas pelas agências na aplicação de leis autorizativas (*enabling act*) já havia sido reconhecido pelo Judiciário[8]. O

---

[7] Christensen v. Harris County, 529 U. S. 576, 587 (2000).
[8] *Cf.* Chevron, 467 U.S. 837 (1984); Ford Motor Credit Co. v. Milhollin, 444

estabelecimento da exata medida de deferência à agência, cuja atribuição fosse aplicar leis que lhe concediam autoridade para estabelecer regras com poder normativo dotado de generalidade, deveria ser compreendida como circunstancial. Os tribunais passaram a verificar o grau de cuidado dispensado pela agência na elaboração de suas interpretações com força de lei, sua consistência ao longo do tempo e a formalidade e perícia na execução dos procedimentos estabelecidos para assim definir o peso da decisão administrativa para o resultado judicial. Essa abordagem produziu um espectro de respostas judiciais que foram desde a chamada deferência substancial à agência[9] até uma quase indiferença[10].

Como a doutrina *Chevron* não atacava diretamente o precedente *Skidmore*, a prática de estabelecer graus de deferência em função da persuasão da decisão administrativa continuava vigente onde a doutrina *Chevron* era inaplicável[11] e a regra interpretativa não passasse pelo procedimento de consulta pública[12] ou não estivesse fundamentada em uma delegação de autoridade do Congresso[13].

O caso *Mead* serviu, deste modo, para a SCOTUS reavaliar o alcance da doutrina *Chevron* e ratificar sua aplicabilidade quando o Congresso delega autoridade à agência para elaborar regras com força da lei e a interpretação da agência que reivindica a deferência ocorre no exercício dessa autoridade.

Essa não foi uma decisão incontroversa. A SCOTUS enfrentou dissidência interna, revisitou os seus principais precedentes e avaliou o que poderia ser considerado como possível intenção de delegar por parte do Poder Legislativo.

U. S. 555, 565 (1980); e Zenith Radio Corp. v. United States, 437 U. S. 443, 450 (1978).
[9] *Cf*. Aluminum Company of America v. Central Lincoln Peoples' Utility District, 467 U. S. 380, 389-390 (1984).
[10] *Cf*. Bowen v. Georgetown Univ. Hospital, 488 U. S. 204, 212-213 (1988).
[11] *Cf*. Metropolitan Stevedore Co. v. Rambo, 521 US 121, 136 (1997).
[12] *Cf*. Reno v. Koray, 515 U. S. 50, 61 (1995).
[13] *Cf*. Martin v. Occupational Safety and Health Review Commission, 499 US 144, 157 (1991).

O IMPACTO NO PROCESSO DE DEFERÊNCIA ADMINISTRATIVA

O caso *Mead* tornou claro que *Chevron* é aplicável somente quando o Congresso emitiu algum sinal de que a agência deve ser o principal intérprete da ambiguidade estatutária, e não o tribunal. A decisão conclui que o sinal relevante da intenção do Congresso a este respeito é uma delegação de poder para a agência agir com força de lei. As decisões de agência que não possuem força da lei receberam a deferência no padrão *Skidmore*.

Com isso, a SCOTUS buscou simplificar o processo de determinação da deferência judicial, reconhecendo que a variedade de maneiras pelas quais as leis conferem um poder de agir às agências administrativas deveria ser minimizada ou declarada irrelevante. A Corte considerou improvável que o Congresso tenha estabelecido muitas maneiras para atribuir poder de agir às agências com o intuito de produzir como resultados apenas a concessão da deferênia *Chevron* ou nenhuma deferência.

Assim, após o caso *Mead*, a revisão judicial das interpretações administrativas com força de lei passou a receber a deferência *Chevron* e para aquelas sem força de lei tornou-se aplicável *Skidmore*. Isto pareceu ser a melhor maneira de lidar com a grande variedade de meios pelos quais as leis investem agências administrativas de poder decisório. Assim, as regras aduaneiras do tipo *ruling letters* expedidas pelo Serviço de Aduana não mereceram a deferência *Chevron*, embora tivessem peso nos termos de *Skidmore* e a Administração Pública pudesse invocá-las em juízo.

Mead representou, portanto, um aprimoramento do requisito do *Passo Zero* (*Step Zero*) de *Chevron* – a investigação inicial acerca da aplicação ou não da deferência *Chevron* – ao estabelecer a delegação, por parte do Congresso, de autoridade administrativa como uma condição prévia para a deferência *Chevron*.

DOUTRINA *SOUTHERN* E UM NOVO PARÂMETRO PARA O *JUDICIAL REVIEW**

Diogo Brasil
Thayane Ataide

INTRODUÇÃO

A decisão da Suprema Corte norte-americana (SCOTUS) no caso *Norton v. Southern Utah Wilderness Alliance* não apenas reforça o padrão de deferência afirmado nos precedentes *Lujan v. National Wildlife Federation*[1] (1990) e *Ohio Forestry Association v. Sierra Club*[2] (1998), como também restringe e refina ainda mais o alcance do poder revisional das cortes federais de fiscalizar a atuação das agências no cumprimento de suas obrigações legais.

O caso *Southern Utah Wilderness Alliance* fundamentalmente alterou de forma substancial a extensão do poder revisão das cortes para os casos de *agency's inaction*, ultrapassando o padrão de deferência estabelecido em *Lujan v. National Wildlife Federation*.

Por isso, esta decisão foi considerada inovadora, eis que refinou a tradicional jurisprudência da Suprema Corte e serviu de norte para as cortes inferiores atuarem com deferência quando a *Southern reasoning* for aplicável ao caso sob análise. Esta decisão veio a elucidar quais são os parâmetros do poder de revisão judicial quando alegada falha da agência por omissão em seus deveres le gais, conforme previsão no *Administrative Procedure Act* (APA), que permite às Cortes judiciais compelir a Administração a agir quando um dever legal for ilegalmente retido ou injustamente adiado.

OS FATOS SUBJACENTES À CAUSA

---

* Norton v. Southern Utah Wilderness Alliance, 542 U.S. 55 (2004)
[1] Lujan v. National Wildlife Federation, 497 U. S. 871, 877 (1990).
[2] Ohio Forestry Ass'n v. Sierra Club, 523 U.S. 726 (1998).

O caso *Southern Utah Wilderness Alliance* veio esclarecer os limites do poder de revisão judicial das decisões das agências governamentais, pondo fim a um dilema antigo do Direito Administrativo referente à dificuldade de interpretação dos vernáculos *(the scope of judicial review of agency inaction)* presentes no *Administrative Procedure Act* (APA). Neste caso, foram apreciados conjuntamente o *The Wilderness Act de 1964, The Federal Land Management Policy Act* de 1976 (FLMPA) e o *National Environmental Policy Act* de 1969 (NEPA).

O Departamento Federal de Gestão de Terras - *The Bureau of Land Management* (BLM), uma agência do Departamento de Interior, administra as terras do Estado de Utah sob proteção ambiental, nos termos da Lei Federal de Política e Gestão de Terras (*The Federal Land Policy and Management Act* - FLPMA) de 1976. De acordo com o disposto no FLPMA, as terras designadas como região selvagem gozam de proteção especial e são gerenciadas de acordo com um plano de uso da terra proferido pelo Departamento Federal de Gestão de Terras.

A *Southern Utah Wilderness Alliance* (SUWA), uma organização não-governamental, junto a outros grupos ambientalistas, impetrou ação judicial alegando suposta falha do Departamento Federal de Gestão de Terras em proteger as terras selvagens de Utah contra danos ambientais. A SUWA aduziu três reivindicações ao processo, com fundamento no APA, uma vez que o regulamento traz previsão da possibilidade de Cortes judiciais compelirem uma agência a realizar uma ação que fora ilegalmente retida ou injustamente adiada.

A *Southern Utah Wilderness Alliance* alegou que o Departamento Federal de Gestão de Terras não conseguiu proteger apropriadamente essas áreas selvagens do Estado de Utah dos danos ambientais causados pelo uso de veículos *off-roads*, infringindo, assim, seus deveres legais, nos termos da Lei Nacional de Políticas Ambientais, de 1969 (*National Environmental Policy Act* - NEPA), e da Lei Federal de Política e Gestão de Terras de 1976 (*The Federal Land Policy and Management Act*).

A CONTROVÉRSIA JURÍDICA

A Corte de primeira instância rejeitou todos os três pedidos feitos pela SUWA, declarando que as alegações de que a agência não havia conseguido proteger adequadamente as áreas selvagens não eram suficientemente específicas para serem apreciadas nos termos do APA.

Posteriormente, em painel dividido, o Décimo Circuito reverteu a decisão da Corte de primeira instância. A maioria dos juízes da Corte de segunda instância reconheceu que, nos termos do § 706 (1) do APA, os Tribunais Federais podem ordenar que as agências atuem quando deixam de executar um dever ao qual estão obrigadas por lei. Em razão desse dever de preservação é que o Departamento Federal de Gestão Federal de Terras poderia ser obrigado a cumpri-lo.

A SCOTUS concedeu *certiorari* e, ao analisar o caso, considerou que deveriam ser dirimidas as seguintes questões: o Departamento Federal de Gestão de Terras falhou em sua obrigação de fazer, de garantir a preservação das terras selvagens de Utah contra danos ambientais e o cumprimento de seu plano de uso de terras? E, se constatada a omissão de um dever legal da agência, quais seriam os parâmetros para a revisão judicial do descumprimento de uma obrigação de fazer por uma agência, nos termos da APA?

Ou seja, a Seção 706 (1) do APA autoriza as Cortes federais a revisarem a gestão de terras públicas, de acordo com as normas legais e os planos de uso da terra do Departamento Federal de Gestão de Terras?

A DECISÃO

Valendo-SE dos próprios precedentes, sobretudo da *Marsh Rule*, construída no ano de 1989, em *Marsh v. Oregon Natural Res. Council*, a SCOTUS conclui que a Seção 1782 (c) é mandatória ao determinar a preservação das áreas de proteção ambiental. Todavia, confere ao Departamento Federal de Gestão de Terras um grande grau de discricionariedade para atingir tal objetivo. Nesse diapasão, a Corte pontuou ainda que não se exige, com a clareza necessária para apoiar uma ação judicial nos termos do § 706 (1), a exclusão total do uso de veículos off-road em áreas de preservação.

Na decisão, a SCOTUS partiu da premissa de que não há que se falar na prática de ação arbitrária por parte da agência governamental. A aprovação do *land use plan* e a produção de um *environmental impact statement* (*EIS*) quanto a impactos ambientais, por si sós, já satisfazem as ações da agência perante as exigências previstas no NEPA e no APA, isentando-as da obrigatoriedade de realizar um *hard look review* sobre as novas evidências de usos nocivos à flora e à fauna, para decidir acerca da necessidade ou não de se produzir um *supplemental environmental impact statement* (SEIS).

Esta decisão, além de estabelecer intepretação para controversas disposições da APA, veio a estabelecer um paradigma para muitas questões ambientais futuras. A SCOTUS ampliou ainda mais a *unreviewability doctrine*, com fundamento nas disposições do APA, restringiu a necessidade das revisões suplementares do NEPA e limitou a possibilidade de reivindicação judicial do cumprimento de leis ambientais e preservação de áreas de proteção.

A SCOTUS restringiu a análise da revisão do *mandamus* de não-prejuízo para preservação das áreas selvagens de Utah, não se pronunciando acerca de danos ambientais e uso de veículos *off-road*. Entendeu que as disposições dos planos de uso de terras não seriam vinculantes, e sim meras declarações de prioridades sujeitas a necessidades prementes e limitações orçamentárias. Portanto, não devem ser compulsórias ao abrigo do APA, tendo em vista que a obrigatoriedade da aplicação geral dos termos do plano levaria a uma interferência generalizada das Cortes sobre a atuação das Agências governamentais, em detrimento de uma gestão ambiental sólida. Caso contrário, todos os futuros programas e planos de uso de terras seriam elaborados pelas agências de forma bastante vaga, tornando a coordenação com outras agências mais difícil e privando os cidadãos norte-americanos de informações relevantes sobre as intenções a longo prazo das agências. Por fim, a Corte entendeu que não havia nenhuma *ongoing major federal action* sujeita a revisão suplementar, nos termos do *National Environmental Policy Act* (NEPA).

Em decisão unânime, a SCOTUS determinou que o APA só autoriza que as Cortes examinem a inercia das agências quanto ao atendimento de requisitos legais específicos, não discricionários. Assim, alegações baseadas em divergências de políticas - como as da *Southern Utah Wilderness Alliance* - não seriam pertinentes nos termos do APA

A decisão da SCOTUS priorizou o cânone da separação dos poderes. A Corte negou a análise das reinvindicações da SUWA com o fito de evitar indevida interferência das Cortes nas operações do Departamento Federal de Gestão de Terras.

O IMPACTO NO PROCESSO DE DEFERÊNCIA ADMINISTRATIVA

Por tudo isso, a decisão *Southern Utah Wilderness Alliance* aproximou-se do padrão minimalista de deferência às agências de governo, recusando-se a continuar seguindo um modelo mais intenso de *judicial review*, *a hard look doctrine*, que ficou proeminente na jurisprudência das cortes federais a partir da década de 1970, com a decisão em *Overton Park*[3].

Na prática, pode-se dizer que a decisão em *Southern Utah Wilderness Alliance* restabeleceu, de forma parcial, o próprio *status quo* anterior à decisão em *Overton Park* pela SCOTUS, no ano de 1971.

O precedente firmado em *Southern Utah Wilderness Alliance* reforça que não cabe às Cortes interferência indevida no âmbito de escolha das agências a respeito de quais devem ser suas prioridades para melhor atingir os fins que a legislação pertinente determina.

---

[3] Citizens to Preserve Overton Park, Inc. v. Volpe, 401 U.S. 402, 420 (1971).

DISCRIMINAÇÃO RELIGIOSA PELO EMPREGADOR E A RESPONSABILIZAÇÃO PREVISTA NO ATO DE DIREITOS CIVIS DE 1964[*]

Carlos Bolonha
Sérgio Bocayuva Tavares de Oliveira Dias

INTRODUÇÃO

A SCOTUS julgou, em junho de 2015, importante caso relacionado com a discriminação de candidatos a emprego por motivos de crença religiosa. A decisão, formada por maioria, tratou de aspectos de responsabilidade civil, além de dirimir aspectos sobre o ônus da prova, tudo isso à luz do Ato de Direitos Civis, de 1964, conforme interpretação sustentada pela Comissão para Oportunidades Iguais de Emprego (Equal Employment Opportunity Comission), EEOC. O *justice* Scalia formou o entendimento majoritário da SCOTUS, enquanto o *justice* Alito, concordando no resultado da decisão, apresentou fundamentação em separado. Ficou vencido, em maior parte, o *justice* Thomas. Como desfecho, a SCOTUS devolveu o caso para o juízo de origem, para que prosseguisse com o feito em seus ulteriores termos.

OS FATOS SUBJACENTES À CAUSA

A recorrida, Abercrombie & Fitch, adotava política para o vestuário de seus funcionários, a fim de manter um padrão que tivesse relação com as roupas que comercializava. Essa padronização proíbe o uso de *bonés* (*caps*), na dicção expressa das regras da empresa, pois seriam muito informais, conflitando com a imagem que a marca pretende passar aos clientes.

A disputa judicial originou-se de uma recusa da

---

[*] Equal Emp't Opportunity Comm'n v. Abercrombie & Fitch Stores, Inc., 575 U.S. ___ (2015)

Abercrombie em contratar Samantha Elauf, candidata a emprego e muçulmana, que usa o véu como forma de manifestação de sua crença. Elauf foi considerada apta depois de ter sido submetida à entrevista com o assistente de gerência da empregadora, a Sra. Cooke. Contudo, ele ficou em dúvida sobre a possibilidade de contratação, pois Elauf apresentou-se usando véu, o que poderia conflitar com a política adotada pela empresa em relação ao uso de *bonés*. A gerente consultou seus superiores sobre a questão. Como resposta, o gerente distrital da empregadora concluiu ser o véu, ou qualquer apetrecho para uso na cabeça, conflitante com a política de vestimentas, instruindo a Sra. Cooke a não contratar Elauf.

A EEOC processou a empregadora, tutelando os interesses de Elauf, alegando que a recusa na contratação violou o Título VII do *Civil Rights Act* de 1964[1]. Essa demanda proposta pela EEOC tem fundamento nas *Enforcement provisions* do *Civil Rights Act*, as quais estabelecem como a EEOC deve assegurar o cumprimento das normas de proteção contra discriminação. Em linhas gerais, a EEOC apura uma denúncia de discriminação administrativamente, sem emitir decisão auto executável (não aplica *e.g.* multa ou outro tipo de sanção). Caso a agência conclua que houve ato ilícito, não sendo possível chegar a um consenso com a entidade transgressora (respondent), a questão deve ser objeto de demanda judicial.

A Corte Distrital acolheu o pedido por meio de julgamento sumário, fixando reparação por danos em 20 mil dólares. Em grau de recurso, a Corte de Apelação do Décimo Circuito reverteu a decisão sob o fundamento de que o empregador não se responsabiliza, com fundamento no Título VII, por falhas em acomodar uma prática religiosa se o candidato não lhe dá ciência (*notice*) sobre a sua necessidade de adaptação para ser

---

[1] A SCOTUS usa como referência legislativa o U.S. Code 42, no qual estão compilados vários diplomas normativos, dentre eles, o Civil Rights Act de 1962. O U.S. Code 42 tem como temática abrangente *Public Health and Welfare*, Saúde Pública e Bem Estar. Seguindo esta grande Codificação, o Civil Rights Act tem início a partir do Capítulo 21 do, iniciando-se na Seção 1981, encerrando-se na Seção 2000h-6. Este texto segue a numeração do Civil RightsActde 1964 conforme o Code 42, pois assim é feito pela SCOTUS.

admitido no emprego, informando quais seriam os conflitos entre suas crenças e as regras da empresa.

A controvérsia perante a Corte de Apelação é intensamente discutida sob prisma do precedente *Auer*, porque a EEOC defende que deve ser concedida deferência à sua própria interpretação da regulação que trata da discriminação religiosa e de falhas na adaptação para admissão no emprego. Em resumo, a agência argumentou que o §1605.2(c) (*Guidelines on Discrimination because of Religion*) deveria ser lido no sentido de o empregador não precisa ser avisado, pelo candidato a emprego, sobre a necessidade de alguma adaptação por motivo religioso (para Elauf, o uso do véu).

A Corte de Apelação rejeitou a tese, negando a deferência com base em *Auer* porque identificou motivos suficientes para afastar o precedente, os quais podem ser assim resumidos: o texto em discussão (29, C.F.R. § 1605.2 (c)) não teria ambiguidade, pois exige ciência do empregador sobre a necessidade de adaptação; outros documentos e manifestações da EEOC seriam no sentido de que o empregador deve ser avisado sobre a necessidade de acomodação, de forma que a tese defendida entraria em conflito com posturas anteriores da própria agência; acolher a tese causaria surpresa para o empregador, considerando que essa interpretação da agência seria uma inovação diante de um caso concreto[2]. Afastando *Auer*, a Corte de Apelação submete a controvérsia ao padrão de revisão de Skidmore, em que o acolhimento da interpretação da agência depende de sua persuasão, afastada diante do texto indicando a necessidade de ciência do empregador.

Contra esse desfecho a EEOC interpôs o recurso, provocando a SCOTUS a se pronunciar sobre a correta compreensão da responsabilidade do empregador, à luz do *Civil Rights Act.*

A CONTROVÉRSIA JURÍDICA

---

[2] A Corte de Apelação nega a deferência de Auer baseando-se no precedente *Christopher v. SmithKline* (2012).

A disputa em torno deste caso centra-se na interpretação da Seção 2000e-2(a), do *Civil Rights Act* de 1964, que cuida de *práticas de emprego ilegais*[3]. A discussão principal diz respeito à responsabilização do empregador por discriminação. Debate-se falha ou omissão em adotar medidas para compatibilizar trabalho e religião nas situações em que o empregador não teria conhecimento das necessidades específicas de uma postulante à vaga de emprego. A EEOC defende que sim, por isso requer a responsabilização em favor de Elauf, de forma semelhante ao que acontece na responsabilidade objetiva brasileira.

O argumento da empregadora Abercombrie, acolhido pela segunda instância, é no sentido de que a candidata não pode provar tratamento discriminatório se não demonstra que deu prévio conhecimento à empregadora sobre a sua necessidade de adaptação para a política de vestuário.

Há uma mudança no foco dos diplomas normativos e sua correta interpretação. Na SCOTUS, o debate é deslocado para a interpretação do *Civil Rights Act*, não havendo alusão a um padrão de deferência a ser adotado ou à regulação emitida pela própria EEOC. Já na Corte de Apelação, conforme relato feito até aqui, a regulação e a possibilidade de deferência com base em *Auer* são o objeto da controvérsia.

A DECISÃO

O voto condutor do julgamento, proferido pelo *justice* Scalia, inicia a fundamentação expondo que a palavra *religião* é definida de forma ampla pelo próprio *Civil Rights Act*, cujas previsões não consideram a *cláusula de conhecimento* para

---

[3] 4 §2000e–2. (a) Employer practices: It shall be an unlawful employment practice for an employer.
(1) to fail or refuse to hire or to discharge any individual, or otherwise to discriminate against any individual with respect to his compensation, terms, conditions, or privileges of employment, because of such individual's race, color, religion, sex, or national origin; or to limit, segregate, or classify his employees or applicants for employment in any way which would deprive or tend to deprive any individual of employment opportunities or otherwise adversely affect his status as an employee, because of such individual's race, color, religion, sex, or national origin.

identificar práticas discriminatórias do empregador.

Aproximando-se de uma interpretação literal da Lei, a Corte concluiu que um candidato a emprego que alega discriminação precisa apenas demonstrar que a necessidade de adaptação foi a motivação adotada pelo empregador para se negar à contratação.

Desenvolvendo seu raciocínio, menciona que o §2000e-2 (a) (1) não faz qualquer menção ao conhecimento do empregador sobre a necessidade de ajustar regras da empresa ou condições laborais por motivos religiosos. Quando a Lei considera relevante esse aspecto subjetivo do empregador, a condição é fixada expressamente, como é o caso da legislação para pessoas com deficiência física (*American Disabilities Act* de 1990), cujo texto fala em *acomodações para as conhecidas limitações físicas ou mentais*. O voto do *justice* Scalia enfatiza que a Lei se contenta com o *motivo* para a identificação de práticas discriminatórias previstas no *Civil Rights Act*. Servindo-se de um exemplo, expõe que há diferença entre *motivo* e *conhecimento*. Assim, se o empregador não tem conhecimento de um candidato ser judeu, mas desconfia disso, pressupondo que o fato trará problemas para trabalhar nos dias de celebrações judaicas, mesmo sem o *conhecimento* desse fato, há motivo ligado à religião, suficiente para caracterizar a prática ilegal.

Reforçando a interpretação literal conferida ao caso, o voto do *justice* Scalia acrescenta que a tese de conhecimento do empregador sobre a prática religiosa traz o problema de *acrescentar palavras à lei para produzir o resultado que se pensa desejável*, o que seria trabalho do legislativo.

A Corte também rejeitou a tese de neutralidade da política de vestuário da empregadora, argumento que pretendia qualificar a conduta como *dispare impact*[4], menos gravosa que a qualificação como discriminação intencional. Embora tenha reconhecido não haver qualquer tendência nas regras da

---

[4] O voto vencido do *justice* Thomas dá a exata noção da diferença entre a discriminação intencional e o dispare impact. Nesta última situação, o tratamento dado à generalidade de pessoas é idêntica, assumindo perfil de neutralidade. Foi o que o voto vencido considerou configurado no caso concreto, afastando a caracterização de discriminação intencional

Abercrombie em se referir a alguma religião, e que seria prática ordinária e aceitável a empresa se preocupar com a forma de vestuário de seus funcionários, a questão sobre o uso de acessórios, quando ligada a um aspecto religioso do candidato, como é o caso de Elauf, exige a acomodação ou adaptação por parte do empregador. Assim, ainda que dotada de neutralidade, justamente porque a recusa na contratação se dá por um motivo que vem a ter relação com a religião (o uso do véu, para a mulher muçulmana), conclui-se pela ilegalidade da conduta.

O voto em separado, com fundamentação distinta (*concurrence*[5]), apresentada pelo *justice* Alito, diverge quanto à responsabilização do empregador sem conhecimento das necessidades da candidata a emprego. Por considerar que a conduta pode ser enquadrada como uma ofensa grave de discriminação, o *justice* entende que o empregador só pode ser responsabilizado se tem ciência de que a questão tem algum vínculo com a prática religiosa, aproximando a discussão da responsabilidade subjetiva. Neste caso, contudo, o *justice* menciona não ter dúvidas de que o uso do véu tinha relação com aspectos da religião de Elauf e que a empregadora sabia disso, conforme depoimentos que instruem o processo. Ademais, afasta a conclusão da decisão recorrida, no sentido de que caberia à parte requerente comprovar que deu conhecimento de suas necessidades ao empregador.

Contudo, quanto ao resultado, em que ficou vencido apenas o *justice* Tomas, a SCOTUS concorda em devolver o caso à instância anterior (*remand*[6]) considerando necessário reavaliar a questão nos termos da interpretação fixada no julgamento, além de visualizar ser possível à empregadora comprovar a impossibilidade de adaptação (tese também

---

[5] Voto proferido por um *justice* que concorda com a maioria quanto ao resultado de julgamento do caso, contudo, diverge quanto à fundamentação.
[6] Remand quer dizer devolver, referindo-se à decisão da SCOTUS que remete o caso à instância anterior para a realização de atos processuais posteriores. Geralmente, a SCOUTS inclui instruções para o juízo dar seguimento ao processo, direcionando o julgamento a ser proferido, fixando a interpretação a ser seguida, ou, ainda, determinando que seja proferido novo julgamento.

sustentada pela Abercrombie), como prevê o *Civil Rights Act*.

A IMPORTÂNCIA DO CASO

Como razão de decidir, a SCOTUS concluiu que o candidato a emprego que alega tratamento discriminatório, nos termos do Título VII do *Civil Rights Act* de 1964, não precisa demonstrar que o empregador teve conhecimento de suas necessidades ou particularidades para adaptação ao cargo pleiteado, em virtude de sua crença religiosa. Basta provar que o candidato não foi contratado por motivo ligado à sua religião.

O julgamento estabelece a responsabilização do empregador em contexto que se aproxima da responsabilidade civil objetiva brasileira. Note-se que nem mesmo a inegável neutralidade da política de vestuário de uma marca mundialmente conhecida foi suficiente para afastar a caracterização de discriminação. Merece realce o fato de Elauf não ter sido indagada em sua entrevista sobre a sua religião ou informada sobre a incompatibilidade do véu com a política da empresa. Tampouco houve, por parte da candidata, algum pedido ou aviso sobre a necessidade de adaptar a regra de vestuário em razão de sua prática religiosa ligada ao uso do véu.

Na Corte de Apelação, argumentando em seu favor o padrão de deferência de *Auer*, a EEOC não foi vitoriosa, sobretudo pela expressão em seu normativo indicando que o candidato deveria cientificar o empregador sobre a sua necessidade de adaptação. A maneira de definir esse ponto muda de abordagem na SCOTUS, que não adentra nos termos da regulação. O caso é julgado com base na dicção da Lei (*Civil Rights Act*), que realmente não faz referência à ciência do empregador sobre a questão da adaptação por razões religiosas.

É interessante notar que a agência perdeu quando invocou a deferência à sua própria interpretação da regulação, baseando-se em Auer, mas ganhou quando o Judiciário realizou interpretação direta da Lei, sem utilizar como guia qualquer padrão de revisão de atos da agência ou dar algum peso à regulação associada ao caso. Assim, nem sempre a deferência importará vitória da agência. Pode ser dito que, neste caso, a tese da EEOC, invocando *Auer*, foi o motivo da derrota na Corte de Apelação.

O julgamento também ilustra uma forma distinta de relação entre agência e Judiciário, para além dessa percepção substantiva sobre a forma de interpretar as regras contra discriminação. A compreensão fixada pela SCOTUS é derivada da interpretação defendida pela EEOC quanto à correta incidência das regras contra discriminação, mas aqui a agência atua como parte requerente da tutela jurisdicional. Isso porque, por disposição da Lei, é necessária uma ação judicial para responsabilizar a empregadora, considerando que a EEOC não emite decisão vinculante para o empregador em relação às denúncias de discriminação.

Assim, a atuação agência torna-se objeto de *enforcement* pela via judicial, se um consenso não é alcançado na via administrativa. Nesse caso, o Judiciário não se encontra na posição de revisor de atos da agência. A Lei coloca a agência postulando a adjudicação que deve ser dada à situação concreta, antes avaliada administrativamente.

Essa atuação da EEOC sem força coercitiva não diminui a relevância da fase administrativa que apura as denúncias de discriminação nas relações de emprego (*charges*, na dicção do *Civil Rights Act*), tanto que as estatísticas mostram uma quantidade significativamente baixa de ajuizamento de demandas judiciais quando comparadas com o total de denúncias recebidas pela agência. Em 2018, por exemplo, foram recebidas 76.418 denúncias administrativas sobre discriminação, enquanto o total de litígios judiciais foi de 217[7].

Os dados sinalizam como a etapa administrativa é eficiente para resolver disputas envolvendo graves violações de direitos fundamentais sem a necessidade de abarrotar o Judiciário. O Brasil pode retirar muito proveito desse tipo de relação entre Judiciário e agências para repensar a apuração administrativa como um filtro de demandas.

---

[7] Dados da própria EEOC.

QUADRO SINÓPTICO

1942 CHENERY I — Decisões das agências serão revisadas pelos Tribunais a partir das razões apresentadas pela agência no momento da decisão. Ainda que haja uma possível razão legítima para a decisão, Tribunais não irão examiná-la se a agência apontar outros fundamentos em seus registros.

1944 SKIDMORE — Decisões das agências merecerão deferência judicial proporcional ao grau de persuasão das razões indicadas pela agência – é, portanto, um padrão de *deferência persuasivo*. É aplicada quando a decisão da agência não se qualifica à deferência *Chevron* ou à deferência *Auer* (padrões de *deferência imperativos*) e.g. quando a lei ou a regulação subjacente à decisão administrativa não possuir ambiguidade ou não tiver *força de lei*.

1945 SEMINOLE ROCK — Diferentemente da doutrina *Chevron*, que orienta a deferência do Judiciário às interpretações das leis do setor regulado, a doutrina *Seminole* impõe deferência às interpretações das agências de seus próprios regulamentos. Isto porque a doutrina determina que as interpretações da agência de seus regulamentos possuem peso determinante, salvo se nitidamente incorretas ou inconsistentes. Em razão disso, os Tribunais deverão ser deferentes às agências ainda que suas interpretações são sejam as melhores possíveis

1947	CHENERY II	Em sua atuação, as agências podem, de maneira discricionária, optar pela publicação de normas gerais e prospectivas, ou, alternativamente, pela adjudicação. Decisões da agência no âmbito de procedimentos adjudicatórios se qualificam à deferência *Chevron*. Em algumas situações, *Chenery II* pode não se aplicar, se a atuação da agência, por lei, estiver condicionada à publicação de normas regulatórias gerais e abstratas.
1971	OVERTON PARK	Distintamente de *Skidmore*, *Mead* e *Chevron*, que se aplicam à revisão judicial de questões de Direito (interpretação de normas), *Overton Park* se refere a revisão judicial da discricionariedade administrativa (análise do procedimento adotado) a partir do padrão administrativo *arbitrário e caprichoso*. Não há uma presunção de que as decisões das agências são amparadas pelos *fatos*; Tribunais devem investigar adequadamente as bases *factuais* para a decisão da agência, que deve, ademais, indicá-las nos seus registros (ainda que não haja apontada obrigatoriedade na legislação). Institui o modelo de revisão *hard look*: antes dele, as decisões das agências poderiam apenas articular numa racionalidade mínima
1978	VERMONT YANKEE	Restringe o alcance de *Overton Park* e limita a revisão judicial das decisões das agências. Tribunais não podem requerer das agências procedimentos adicionais não previstos na legislação.

1983	STATE FARM	Reafirmação de *Overton Park*.
1984	CHEVRON	Tribunais devem ser deferentes às interpretações razoáveis realizadas pelas agências acerca de leis ambíguas relativas ao segmento regulado. Define um processo de revisão de duas Etapas: na Etapa 1, o Tribunal revisor deve determinar se o Congresso se pronunciou diretamente sobre a questão sob julgamento; isto é, deve determinar se a norma é ou não ambígua; não havendo ambiguidade, as agências devem aderir ao objetivo da lei. Todavia, se a lei é silente ou ambígua, o Tribunal deve lançar mão da Etapa 2, quando deverá avaliar se a interpretação da agência reguladora é razoável, ou seja, uma interpretação permissível da lei.
1997	AUER	Reafirmação de *Seminole Rock*.
2001	MEAD	Restringe a doutrina *Chevron* e institui dois requisitos à aplicação do padrão (Etapa 0): a doutrina *Chevron* será aplicada quando (i) o Congresso houver delegado autoridade à agência para publicar regulamentos *com força de lei*; (ii) a interpretação da agência que reivindique deferência decorrer diretamente desta autorização. Não havendo previsão legal para autoridade à agência, *Chevron* não será aplicável, mas as agências poderão se beneficiar da deferência *Skidmore*.
2004	SUWA	Reafirmação de *Chevron*.

2015 A&FITCH Reafirmação de *Auer*.

2019 KISOR Reafirmação de *Auer* e *Seminole Rock*.